Duden

SMS Schnell-Merk-System

Deutsch

Rechtschreibung und Zeichensetzung

5. bis 10. Klasse

Dudenverlag
Berlin · Mannheim · Zürich

Inhaltsverzeichnis

1 Vokale und Vokalverbindungen

Kurze Vokale

Grundsätzlich gilt:

Man unterscheidet zwischen kurzen und langen Vokalen. Diese Unterscheidung hat Konsequenzen für das Schriftbild.

Nach kurzem, betontem Vokal folgen zwei Konsonanten als

- **Doppelkonsonant** (ein und derselbe Konsonant wird verdoppelt) oder als
  Ba**ll** · ke**nn**en · fe**tt**
- **Kombination verschiedener Konsonanten,** da es im Deutschen z. B. kein *kk* und kein *zz* gibt.
  Ka**tz**e · Sa**ck** · A**ck**er · Gebä**ck** · Scha**lt**er

Aufgepasst: Nach *l, m, n, r,* das merke ja, folgt nie *tz* und nie *ck!*
Balken · Holz

Schärfung

Zwei Konsonanten, die aufeinanderfolgen, kennzeichnen einen kurzen Vokal. Anders ausgedrückt: Der Vokal erfährt eine Schärfung.

Da**ck**el · So**ck**e · zi**tt**ern · kni**tt**ern · Stu**ck**ateur

Ins Deutsche übernommene Fremdwörter können aber mit *kk* oder *zz* geschrieben werden.

Mo**kk**a · A**kk**usativ · Pi**zz**a

Lange Vokale

1

Es gibt verschiedene Möglichkeiten, die dazu führen, dass ein Vokal lang gesprochen wird.
Vokale, die lang gesprochen werden, haben ein uneinheitlicheres Schriftbild zur Folge.

Sahne · Paar · Sieg · malen · fliehen

Dehnungs-h

Häufig folgt auf einen langen Vokal der Buchstabe *h*, um die **Dehnung** anzuzeigen.

Bo**h**ne · Ha**h**n · Stu**h**l · ke**h**ren · la**h**m

Aufgepasst: Der lange i-Laut wird fast nie mit Dehnungs-h geschrieben. Ausnahmen: *ihm, ihnen, ihr, ihrem, ihren, ihres.*

T**i**ger · B**i**ber · **I**gel · Pr**i**mel

Einmal Dehnungszeichen – immer Dehnungszeichen! Oder anders ausgedrückt: In verwandten Wörtern bleibt das Dehnungs-h meistens erhalten.

Za**h**n – Zä**h**ne – Za**h**narzt · fa**h**ren – Fä**h**re – Abfa**h**rt – Gefä**h**rt

Dehnung mit Doppelvokal

Um die Länge eines Vokals anzuzeigen, wird er manchmal verdoppelt (Doppelvokal). Dies gilt aber nur für die **Vokale *a, e, o*.**

S**aa**l · H**aa**r · P**aa**r · B**ee**t · B**oo**t

Aufgepasst: **Umlaute** werden **nicht** verdoppelt.

Saal – S**ä**le
Haar – H**ä**rchen
Paar – P**ä**rchen

Dehnung mit Doppelvokal

Alle Wörter aus der Familie eines Wortes, das den langen Vokal durch Verdoppelung erhalten hat, werden mit *aa, ee* oder *oo* geschrieben.

H**aa**rpinsel – h**aa**rscharf – h**aa**ren · Häuserm**ee**r – M**ee**resrauschen – m**ee**rgrün · B**oo**tssteg – ausb**oo**ten – Ruderb**oo**t

Dehnungs-e nach i

Da das Dehnungs-h in **Wörtern mit *i*** selten auftaucht (↑S. 5), wird das lang gesprochene *i* meistens durch ***ie*** wiedergegeben.

S**ie**g · Sp**ie**gel · L**ie**be · v**ie**l · R**ie**se · sp**ie**len

Man findet das Dehnungs-e auch bei **Wörtern,** die **auf *-ier* oder *-ieren*** enden.

Juwel**ier** · Klav**ier** · buchstab**ieren**

Das Dehnungs-e kommt auch vor bei **Fremdwörtern, die mit einem langen *i* enden.**

Gen**ie** · Biolog**ie** · Lotter**ie**

Konjugationsformen von Verben werden ebenfalls mit ***ie*** geschrieben.

bleiben – ich bl**ie**b

In ganz wenigen Fällen, z.B. bei **geografischen Namen,** gibt es ein Dehnungs-e auch nach den Vokalen *a* und *o.*

Str**ae**len · S**oe**st · Itzeh**oe** · Oldesl**oe**

Es gibt einige wenige Wörter mit langem *i*, bei denen das Dehnungs-e mit dem Dehnungs-h kombiniert wird. Dazu gehören auch die konjugierten Formen einiger weniger Verben.

fliehen · Vieh · wiehern · ziehen · du befiehlst

wieder und wider

Die beiden Wörter *wieder* und *wider* klingen gleich. Besonders oft kommen sie in zusammengesetzten Wörtern vor. Um sie richtig zu schreiben, musst du die Bedeutung der Wörter beachten.

- **Fügungen mit dem Wort *wieder*** werden in der Bedeutung von *zurück, erneut* und *noch einmal* verwendet.

wiederkommen · wiedergewinnen · wieder einsetzen

Schreibung:
Wortzusammensetzungen mit *wieder* werden **entweder auseinander- oder zusammengeschrieben.**
Zusammenschreibung gilt vor allem in Verbindung mit Verben und Adjektiven, wenn *wieder* in der Bedeutung von *zurück* verstanden wird.

Ich kann dir das Geld erst morgen **wiedergeben.** · Die Kuh gehört zu den **wiederkäuenden** Tieren.

Getrenntschreibung ist anzuwenden, wenn *wieder* im Sinne von *nochmals, erneut* verstanden wird.

Ich werde das nie **wieder tun.**

- **Wörter mit der Vorsilbe *wider*** haben die Bedeutung von *gegen*.
Schreibung:
Sie werden immer **zusammengeschrieben.**

widersprechen · **wider**setzen · der **Wider**stand

Langer Vokal ohne Dehnung

Es gibt Wörter im Deutschen, die einen lang gesprochenen Vokal haben, aber ohne Dehnungszeichen geschrieben werden.	g**e**ben · R**o**se · l**ü**gen · Bl**ü**ten · H**a**se
Auf einen **langen Vokal** folgt ein einzelner Konsonant.	Ba**d** · re**d**en · Mo**d**e · Le**b**en · Na**m**en
Wörter, in denen auf einen langen Vokal **zwei oder mehr Konsonanten** folgen, werden ohne Dehnungszeichen geschrieben. *Aufgepasst:* Es gibt zwei Ausnahmen: *ahnden* und *fahnden.*	Klo**st**er · Wü**st**e · Tro**st** · Mo**nd**
Das Präfix ***ur-*** und die Suffixe ***-bar, -sal*** und ***-sam*** werden immer ohne Dehnungszeichen geschrieben.	**ur**alt · wunder**bar** · Schick**sal** · heil**sam**
Meist steht kein Dehnungszeichen bei **Wörtern mit *t* im Anlaut.**	**T**ür · **t**un · **T**ugend
Auch **Wörter mit *sch* und *qu* im Anlaut** haben meist kein Dehnungszeichen.	**Sch**wan · **sch**wer · **Sch**ule · **qu**er · **Qu**al
Nach Diphthongen *(ai, ei, au, eu, äu)* steht nie ein Dehnungszeichen.	H**ai** · L**au**b · Sch**eu**ne · Kr**ei**de · M**äu**se

Die meisten **Endungen von Fremd- oder Lehnwörtern** – wie z. B. *-ine, -il, -in* – haben kein Dehnungszeichen. Präge sie dir gut ein.

Mandar**ine**
Margar**ine**
Krokod**il**
Mediz**in**
Apfels**ine**
Gard**ine**
Kan**in**chen
Masch**ine**
Vent**il**
Benz**in**

Wörter mit -eih

Es gibt einige Wörter, die mit *-eih* geschrieben werden. Der Buchstabe *h* nach dem Diphthong ist aber kein Dehnungs-h, sondern er gehört zur nächsten Silbe (wei-hen).
Am besten, du lernst diese Wörter auswendig.

ged**eih**en
R**eih**e
verz**eih**en
Gew**eih**
R**eih**er
w**eih**en
l**eih**en
s**eih**en
W**eih**er

h nach Vokalen und Umlauten

Auch in einigen anderen Wörtern ist das *h* trotz Länge des vorangehenden Vokals oder Umlauts kein Dehnungs-h und gehört zur nächsten Silbe.

sehen · fliehen · drohen · ruhen · Krähe · Höhe · blühen

Gleich und ähnlich klingende Vokale

e und ä

Grundsätzlich gilt: Der Vokal *e* und der Umlaut *ä* klingen sehr ähnlich oder gleich.	B**ä**cker · l**e**cker
Aufgepasst: Die meisten Wörter mit *ä* lassen sich von einem Wort mit *a* ableiten. Einzige Ausnahme: *die Eltern – die Älteren.*	G**ä**nse – G**a**ns K**ä**lte – k**a**lt **Ä**rmel – **A**rm K**ä**lbchen – K**a**lb sp**ä**rlich – sp**a**ren St**ä**rke – st**a**rk
Einige wenige Wörter haben keine Ableitung auf *a*, werden aber trotzdem mit *ä* geschrieben. Da hilft nur auswendig lernen.	Ähre · Bär · Käfer · sägen · Geländer · Lärm

eu und äu

Die Diphthonge *eu* und *äu* klingen gleich.	B**eu**te · Br**äu**te
Ähnlich wie bei den Wörtern mit *ä* kannst du Wörter mit *äu* meistens von einem Wort mit *au* ableiten.	B**äu**me – B**au**m k**äu**flich – k**au**fen Tr**äu**me – Tr**au**m bl**äu**lich – bl**au**
Einige Wörter lassen sich allerdings nicht ableiten. Präge sie dir ein.	Säule · sich sträuben · sich räuspern · täuschen · Knäuel

ei und ai

Normalerweise schreibt man mit *ei*. *Aufgepasst:* Wörter, die mit *ai* geschrieben werden, muss man sich merken. Alle Wörter aus der gleichen **Wortfamilie** werden mit *ai* geschrieben:

Blei · drei · schreien · Kleie · schneien · Feier

Kaiser – kaiserlich, Kaiserthron, Kaiserkrone

Mais – Maismehl, Futtermais, maisgelb, Maispflanze

Saite – Saiteninstrument, Geigensaite, Gitarrensaite

Waise – Halbwaise, Waisenheim, Waisenkind

Mai – Maitanz, Maibaum, Maifeier

Hai – Haifisch, Haiflosse

Kai – Kaimauer

Wörter, die gleich klingen, aber unterschiedlich geschrieben werden, nennt man **Homofone.** Sieh genau hin und präge dir die Ausnahmen gut ein.

Kombiniere logisches Denken mit Regelwissen. Und schlag ruhig immer mal wieder nach – je öfter du ein Wörterbuch benutzt, desto leichter fällt dir der Umgang damit.

Homofone mit und ohne Dehnungs-h

dehnen (erweitern)	denen (Pronomen)
Mahl (Essen)	Mal (das erste Mal)
mahlen (Getreide)	malen (Bild)
Sohle (Schuh)	Sole (Salz)
Wahl (Abstimmung)	Wal (Säugetier)
wahr (richtig)	war (Präteritum von sein)

Homofone mit Doppelvokal bzw. Dehnungs-h

Leere (Leerheit)	Lehre (Ausbildung)
Meer	mehr

Homofone mit Dehnungs-e nach i

Fieber (erhöhte Temperatur)	Fiber (Faser)
Lied (Gesang)	Lid (Auge)
Miene (Gesicht)	Mine (Kugelschreiber)
Stiel (Besen)	Stil (Aufsatz)

Homofone mit e und ä

Feld	fällt (zu fallen)
Felle (Tier)	Fälle (zu Fall)
Held	hält
Kelte	Kälte
Lerche (Vogel)	Lärche (Baum)
Schwemme (Überfluss)	Schwämme (Schwamm)
Stelle	Ställe (für Tiere)
Welle (Meer)	Wälle (Schutzwälle)
Wende	Wände

Homofone

Homofone mit eu und äu

heute	Häute
Leute	läute!

Homofone mit ei und ai

Seite (im Buch)	Saite (beim Instrument)
Weise (Art)	Waise (elternloses Kind)

2 Konsonanten und Konsonantenverbindungen

Konsonantenhäufung

Auf einen kurzen Vokal können anstelle von Doppelkonsonanten auch mehrere verschiedene Konsonanten folgen. Man spricht dann von **Konsonantenhäufung.**

Stru**mpf**maske · Wa**sch**straße · Su**mpf**pflanze · Sträfli**ngs**kleidung

Wortzusammensetzungen

Für das Zusammentreffen von gleichen Konsonanten bei Wortzusammensetzungen gilt: Endet ein Wort mit dem gleichen Konsonanten wie der Beginn des folgenden Wortes, dann stehen die beiden Konsonanten unverändert nebeneinander.

schma**ll**ippig · Nebe**nn**iere · Mande**ll**ikör

Beim Zusammentreffen zweier Wörter folgt manchmal der Konsonantenverdoppelung am Ende des ersten Wortes der gleiche Anfangskonsonant des folgenden Wortes. Diese Wörter werden dann mit **drei gleichen Konsonanten** geschrieben.

Pa**ppp**lakat · Schi**fff**ahrt · Balle**ttt**änzer · Kle**mmm**appe · Bre**nnn**essel

Aufgepasst: Einige Ausnahmen werden mit **nur zwei Konsonanten** geschrieben.

de**nn**och · Dri**tt**el · Mi**tt**ag

Der besseren Lesbarkeit wegen kann man Wörter mit drei gleichen Konsonanten auch mit **Bindestrich** (↑S. 69) schreiben.

Pa**pp-P**lakat
Schi**ff-F**ahrt
Balle**tt-T**änzer

2

Die Konsonantenverdoppelungen bleiben in allen Wörtern der ganzen **Wortfamilie** erhalten:

wollen – der Wille
trennen – die Trennung
fallen – der Fallrückzieher – das Gefälle
nummerieren – die Nummer
kümmern – der Kummer
wässrig – das Wasser – der Wassermann
alle – alles – allwissend

Nachsilben -in und -nis im Plural

Im Plural werden die Konsonanten am Ende der Nachsilben *-in* und *-nis* verdoppelt.

Lehreri**nn**en · Kenntni**ss**e · Gefängni**ss**e

Gleich und ähnlich klingende Konsonanten

In der deutschen Sprache gibt es zahlreiche Konsonanten, die ähnlich klingen und daher Schwierigkeiten bei der Schreibung bereiten.
Zudem kommen all diese Konsonanten an unterschiedlichen Stellen im Wort vor.

v–w · b–p · f–v · g–k · d–t · dt–tt · z–ds–ts–ns · x–ks–cks–gs–chs

BESONDERS KNIFFLIG

Hier findest du die wichtigsten Problemfälle unter den **gleich und ähnlich klingenden Konsonanten** (↑S. 17 f.) und ihre Stellung im Wort:

	Anlaut	Inlaut	Auslaut
v **w**	**V**ase **W**esen	ner**v**ös ver**w**enden	
b **p**	**b**acken **p**acken	rau**b**en Rau**p**e	Kal**b** Lum**p**
f **v**	**F**olge **V**ogel	Ele**f**ant Skla**v**e	el**f** bra**v**
g **k**	**g**ern **K**ern	En**g**el En**k**el	Sar**g** Mar**k**
d **t**	**D**eich **T**eich	En**d**e En**t**e	run**d** bun**t**
dt **tt**			Sta**dt** sta**tt**
z **ds** **ts** **ns**			Mär**z** aben**ds** ste**ts** morge**ns**
x **ks** **cks** **gs** **chs**	**X**ylofon	He**x**e kle**cks**en A**chs**e	fi**x** lin**ks** Kle**cks** anfan**gs** Wa**chs**

Bei den **gleich und ähnlich klingenden Konsonanten** gibt es Hilfen, die dir das Schreiben erleichtern.

- **Verlängerung des Auslauts:** Bilde den Plural oder frage nach anderen Wörtern der Wortfamilie.
- **Ableitung:** Frage nach dem Stammwort.

Verlängerung des Auslauts

der Leib	→ die Leiber	der Lump	→ die Lumpen
der Staub	→ abstauben	der Sarg	→ die Särge
der Wald	→ die Wälder	die Arbeit	→ der/die Arbeiter
das Rad	→ die Räder	der Rat	→ raten
das Band	→ die Bänder	der Rost	→ rosten

Ableitung

nervös	→ die Nerven	der Platz	→ platzieren
er gibt	→ geben	sie hupt	→ hupen
friedlich	→ der Frieden	deutlich	→ deuten
die Jagd	→ jagen	der Gestank	→ stinken
der Klecks	→ kleckern	anfangs	→ anfangen
abends	→ der Abend	stets	→ stetig

Ganz besonders das **Stammprinzip** wird nach der neuen Rechtschreibung mehr denn je umgesetzt.

behände *zu* Hand · Stängel *zu* Stange · platzieren *zu* Platz

Verschlusslaute: b, d, g und p, t, k

Die Verschlusslaute *b, d, g* werden in der Regel stimmhaft, d. h. weich, die Verschlusslaute *p, t, k* dagegen stimmlos, d. h. hart, ausgesprochen. Im Anlaut ist das gut zu hören.

weiche Anlaute:
Bass · Dank · Guss

harte Anlaute:
Pass · Tank · Kuss

Im Wortinnern (Inlaut) klingen *b, d, g* und *p, t, k* manchmal sehr ähnlich. Und am Wortende (Auslaut) sind sie beim Hören nicht zu unterscheiden.

Lügner – mäkeln
Staub – Lump
Hand – Haut
rund – bunt

b und p

Am Wortende klingt *b* wie *p*. Wenn du das Wort verlängerst, hörst du jedoch, ob *b* oder *p* geschrieben werden muss.

Stab – Stäbe
Stopp – stoppen

Du kannst das betreffende Wort verlängern, indem du etwa den Plural bildest oder ein verwandtes Wort suchst, bei dem der Verschlusslaut nicht mehr am Ende steht.

Grab – Gräber
lieb – Liebe

d und t

Am Wortende klingt *d* wie *t*. Auch hier gilt: Wenn du das Wort verlängerst, hörst du, ob *d* oder *t* geschrieben werden muss.

Spalt – spalten
Kraft – Kräfte
Hirt – Hirten
Wand – Wände
Wind – Winde
Held – Helden
wild – wilder
Geld – Gelder

g und k

Wie *b* und *p*, *d* und *t* (↑S. 18) klingen auch *g* und *k* im Auslaut gleich. Auch in diesem Fall macht die Wortverlängerung klar, wie das Wort geschrieben wird.

Betrug – betrügen
Krieg – Kriege
Sarg – Särge
Burg – Burgen
Krug – Krüge
krank – kränkeln
schlank – schlanker
Tank – tanken

f-Laute

Grundsätzlich gilt: Die meisten f-Laute werden auch mit einem ***f*** geschrieben.

Del**f**in · **F**ehler · Schi**ff** · Hil**f**e · ru**f**en · E**f**eu

Steht ein ***v*** am Wortanfang oder Wortende, dann wird dieses *v* in der Regel wie ein *f* ausgesprochen.

Vater · akti**v**

Aufgepasst: In **Fremdwörtern** wird ein *v* nicht wie ein *f*, sondern wie ein *w* ausgesprochen.

Vase · pri**v**at

In **Fremdwörtern** schreibt man den f-Laut häufig mit ***ph.***

Phase · Katastro**ph**e · **Ph**iloso**ph**ie

Aufgepasst: Durch die Rechtschreibreform wurden viele dieser Fremdwörter mit f-Laut dem Deutschen angepasst (Schreibung von Fremdwörtern ↑S. 70 f., Fremdwörter und ihre Herkunft ↑S. 74).

Fotogra**f**ie · Mikro**f**on

f-Laute

Im Anlaut eines Wortes kann ***pf*** nicht immer deutlich gehört werden. Präge dir die Schreibung gut ein. Anders dagegen in der Wortmitte: *pf* im Inlaut ist immer gut zu hören.

Pflaume · **Pf**erd · **Pf**ad

A**pf**el · klo**pf**en

Die Endungen -ig und -lich

Die Endungen *-ig* und *-lich* sind lautlich nicht immer einfach zu unterscheiden. Auch hier hilft wieder die Verlängerung des Auslauts.

Verlängerung des Auslauts

friedlich → friedliche (eine friedliche Welt)
herzlich → herzliche (eine herzliche Mutter)
heimlich → heimliche (eine heimliche Liebe)
peinlich → peinliche (eine peinliche Sache)
lieblich → liebliche (eine liebliche Melodie)
länglich → längliche (eine längliche Form)
spärlich → spärliche (eine spärliche Mahlzeit)
sportlich → sportliche (eine sportliche Lehrerin)
ehrlich → ehrliche (eine ehrliche Haut)

farbig → farbige (ein farbiges Bild)
geizig → geizige (eine geizige Tante)
listig → listige (ein listiger Fuchs)
riesig → riesige (ein riesiges Haus)
mutig → mutige (eine mutige Frau)
schimmelig/schimmlig → schimmelige/schimmlige (eine schimmlige Scheibe Brot)

x-Laute

Grundsätzlich gilt: Im Deutschen gibt es verschiedene Schreibungen des gesprochenen x-Lautes. Diese verschiedenen Schreibungen lassen sich von unserem Gehör nur schwer unterscheiden. Die folgenden Konsonantenkombinationen klingen alle wie der Buchstabe *x: ks, cks, gs, chs.* Ein bewährter Trick auch hier: Schau dir die verwandten Wörter an.

anfan**gs** – der Anfang · der Kle**cks** – kleckern

Am **Wortanfang** (Anlaut) gibt es für den x-Laut immer nur das ***x.***

Xylofon · **X**enia · **X**anten

In der **Wortmitte** (Inlaut) gibt es drei Möglichkeiten: ***x, chs* und *ks.***

A**x**t · He**x**e · Bü**chs**e · schla**ks**ig

Aufgepasst: **Tiernamen** werden immer mit ***chs*** geschrieben, unabhängig davon, an welcher Stelle im Wort der x-Laut vorkommt.

Lu**chs** · Da**chs** · Fu**chs** · La**chs** · O**chs**e · Eide**chs**e · Frechda**chs**

Am **Wortende** (Auslaut) kommen alle Varianten vor: ***x, chs, ks, gs, cks.***

Bo**x** · Wa**chs** · Ke**ks** · unterwe**gs** · Kni**cks**

Der bei der Wortschöpfung oder Flexion von Wörtern entstehende x-Laut richtet sich mit seiner Schreibung immer nach der Schreibung des Stammlauts.

du pflegst – pfle**g**en · Häcksel – ha**ck**en · du hinkst – hin**k**en · du druckst – dru**ck**en

Die Vorsilben end- und ent-

In der gesprochenen Sprache ist der Unterschied zwischen *end-* und *ent-* nicht zu hören.
Aber grundsätzlich gilt: Die Vorsilbe *end-* kommt vom Wort *Ende* und hat die Bedeutung von *Schluss*.

Endspurt · Endergebnis · endlich

Die Vorsilbe *ent-* mit *t* hat inhaltlich sehr oft mit der Vorsilbe *weg-* (in der Bedeutung *wegnehmen/weggeben/loswerden)* zu tun.

Entführung · entreißen · entfliehen

Manchmal ist die Bedeutung der Vorsilben *end-/ent-* nicht (mehr) zu entschlüsseln. Solche Wortzusammensetzungen schreibt man mit *ent-*.

entzünden – die Entzündung · entdecken – die Entdeckung

seid oder seit

Um die beiden Wörter *seid* und *seit* unterscheiden zu können, musst du immer darauf achten, um welche Wortart es sich handelt.

- *seid* ist die 2. Person Plural Präsens des **Hilfsverbs *sein*.**

  Seid ihr mir noch böse?

- *seit* ist eine **temporale Präposition,** d.h., es handelt sich dabei um eine **Zeitangabe.**

  Seit Ostern besitze ich ein Fahrrad.

2

Stadt und statt

Die beiden Wörter *Stadt* und *statt* klingen gleich. Unterscheide bei Wortzusammensetzungen nach der Bedeutung.
Zusammengesetzte Wörter mit *Stadt* haben immer etwas mit der Bedeutung *Stadt = größerer Ort, Siedlung* zu tun.

Stadtrat · Großstadt

Bei Wörtern mit *statt* haben die Wortzusammensetzungen die Bedeutung *stellvertretend für/anstelle* beziehungsweise die Wortbedeutung *Statt = Stelle, Platz.*

anstatt · stattdessen

Werkstatt · Ruhestätte

Diese Regelungen gelten in beiden Fällen übrigens auch für die Pluralformen.

Städtetag · Gaststätten

Tod und tot

In zusammengesetzten Wörtern, die *Tod* oder *tot* enthalten, hören sich *d* bzw. *t* gleich an.
Als Grundregel gilt: **Substantive** werden **mit *d*** geschrieben.

Tod · Todesfall · Todeskampf · Todesurteil · Todesnachricht · Todfeind
aber: der Tote · Totgeburt · Totschlag

Tod und tot

Das **einfache Adjektiv *tot*** wird **mit *t*** geschrieben.	der tote Hund
Dagegen werden **zusammengesetzte Adjektive** meist **mit *tod-*** gebildet.	todkrank · todsicher
Aufgepasst: Es gibt Adjektive, die in beiden Schreibungen vorkommen.	totenblass *und* todblass · totenbleich *und* todbleich · totenstill *und* todstill
Zusammengesetzte Verben und davon abgeleitete Partizipien werden meist **mit *tot-*** gebildet und zusammengeschrieben.	totlaufen · totsagen · totgeärgert
Bei einigen Verbindungen sind beide Schreibweisen möglich.	ein tot geborenes *oder* totgeborenes Kind
Aufgepasst: **Verbindungen mit dem Hilfsverb *sein*** werden getrennt geschrieben, ebenso einige andere Verbindungen.	tot sein · tot scheinen · sich tot stellen
Allgemein gilt: **Zusammensetzungen**	
■ **mit *Tod-/tod-* und *-es*** schreibt man mit ***d*,**	der Tod**es**fall · tod**es**mutig
■ **mit *Tot-/tot-* und *-en*** schreibt man mit ***t*.**	der Tot**en**kopf · tot**en**bleich
Kommt die Silbe ***tot* in Eigennamen bzw. festen Zusammensetzungen** vor, dann schreibt man sie meistens mit *t*.	das Tote Meer · etwas Starres *und* Totes

Schreibung der s-Laute

Die Schreibung der s-Laute gilt als schwierig, da es für einen einzigen gesprochenen Laut (Phonem) verschiedene Schreibweisen gibt. In der deutschen Sprache gibt es drei Schreibungen für den s-Laut: *s*, *ss* und *ß*. Man unterscheidet zusätzlich nach Aussprachevarianten. **Weiche Laute** werden auch **stimmhafte Laute** genannt, **harte Laute** bezeichnet man als **stimmlos.**

[z] *stimmhafter s-Laut:*
Hose · lesen
[s] *stimmloser s-Laut:*
Floß · genießen
Der stimmlose s-Laut kann auch mit ss geschrieben werden:
essen · der Kuss

Schreibung mit einfachem s

Nach Konsonanten steht immer nur ein einfaches *s*.

Hals · Erbse · Pinsel

Auch **stimmhafte Laute** werden immer nur mit *s* geschrieben, egal ob
- vor Vokalen oder Diphthongen am Wortanfang (1) oder
- nach Vokalen oder Diphthongen in der Wortmitte (2).

(1) Salbe · Salz · sauber · segeln · sind · sonnig
(2) Hose · Masern · rasen · reisen · Riese · Wiese

Auch **nach einem langen Vokal oder Umlaut** kann ein einfaches *s* stehen. Es wird stimmhaft gesprochen, wenn ihm ein Vokal folgt (1). Am Wortende ist es stimmlos (2).

(1) Hase · Gebläse
(2) Gas

Schreibung mit einfachem s

Ein einfaches *s* steht auch **am Wortanfang vor *p* und *t*.** Gesprochen wird dieses *s* allerdings wie [ʃ] in dem Wort *Schule*.

Spannung · spinnen · Spule · Stimme · Strahl · sträuben

Schreibung mit ß

ß ist ein stimmloser s-Laut, der
- **nach langem Vokal** (1) oder
- **nach einem Diphthong** (2) geschrieben wird, wenn kein weiterer Konsonant folgt. Auch in der Pluralbildung bleibt der s-Laut stimmlos.

(1) Füße · Muße · Soße · Gruß · Maß · Fraß
(2) außen · reißen · weiß · meißeln

Aufgepasst: Anstelle von ***ß*** kann auch das stimmlose ***s*** am Wortende stehen (↑S. 25):
- nach langem Vokal *(a, e, i, o, u)*,
- nach Diphthongen *(eu, ei, au, äu)*.

Es folgt aber nie *ss*.

Pflaumenmus
Haus · Maus

Schreibung mit ss

Nach einem kurzen Vokal schreibt man fast immer *ss*.
Aufgepasst: Einige wenige ein- und zweisilbige Wörter werden im Singular mit einfachem *s* geschrieben, obwohl ihm ein kurzer Vokal vorausgeht. Die Pluralformen folgen allerdings wieder der Regel.

essen · küssen · der Fluss
der Bus – die Busse · der Kürbis – die Kürbisse · der Iltis – die Iltisse

Aus der Endung (Suffix) ***-nis*** wird im Plural immer ***-nisse.***

das Geheimnis – die Geheimnisse

Es gibt verwandte Wörter, die je nach Wortform mal einen kurzen, mal einen langen Vokal haben. Entsprechend den Regeln werden solche verwandten Wörter dann mal mit *ss*, mal mit *ß* geschrieben.

der Fluss – fließen · das Wissen – er weiß · das Schloss – schließen · der Biss – er beißt · der Genuss – er genießt

s, ß oder ss?

Achte darauf, wie der s-Laut gesprochen wird und beachte:

- Ein einfaches *s* folgt auf einen Konsonanten.
  Franse · emsig · Linse
- *ss* folgt auf einen kurzen Vokal.
  Guss · Hass
- *s* oder *ß* folgt auf einen langen Vokal oder Diphthong.
  Rose · Maße · Reise · heiß

langer Vokal: *s* oder *ß*		**kurzer Vokal: *ss***
Maße	→	Masse
Rasen	→	Rassen (z. B. Tierrassen)
Straße	→	Strass (Edelsteinimitation)
Nase	→	nass
Buße	→	Busse
Schoß	→	(er) schoss
Floß	→	(es) floss
Mus (Brei)	→	(er) muss
Wiese	→	Wissen
Riese	→	(es) riss

3 *das* und *dass*

Die verschiedenen Aufgaben im Satz

das mit *s* kann in einem Satz drei verschiedene Aufgaben haben:

- Es ist ein **Artikel.**

  das Fahrrad

- Es ist ein **Demonstrativpronomen.**

  Das gefällt mir gut.

- Es ist ein **Relativpronomen.**

  Das Fahrrad, **das** auf dem Hof steht, ist alt.

Keine Angst: Auch wenn du die Wortart einmal nicht bestimmen kannst, die Schreibung ist immer gleich.

dass mit *ss* ist eine **Konjunktion,** also ein Bindewort, das zwei Sätze miteinander verbindet.

Es ist gut**, dass** es Bücher gibt.
Weißt du schon**, dass** wir morgen keine Schule haben?

Aufgepasst: Vergiss nicht, vor *dass* immer ein **Komma** zu setzen. Manchmal steht das Komma auch am Ende des Nebensatzes, wenn dieser dem Hauptsatz vorausgeht.

Dass ich ohne Bücher lernen soll**,** kann ich mir nicht vorstellen.

BESONDERS KNIFFLIG

s oder ss?
Die Schreibung von *das* oder *dass* hängt von der grammatischen Bedeutung dieser Wörter ab:

- Das Wort *dass* ist immer eine **Konjunktion.**

Aufgepasst: Man muss sich merken, dass Konjunktionalsätze mit *dass* eingeleitet werden!

Sie erkannte, **dass** sie ein Problem hatte.

- In **allen anderen Fällen** wird mit *s* geschrieben.

Sie erkannte **das** Problem.

Die Ersatzprobe
Das schreibt man immer mit *s*, wenn man

- *ein,*
- *welches,*
- *dieses* oder
- *jenes*

einsetzen kann.

das Kind – **ein** Kind

Das Heft, **das** auf meinem Schreibtisch liegt, …
Das Heft, **welches** auf meinem Schreibtisch liegt, …

Ist es **das** Haus? – Ist es **dieses** Haus?

Dieses Buch hat mir gefallen, **das** aber nicht.
Dieses Buch hat mir gefallen, **jenes** aber nicht.

Dass schreibt man immer mit *ss,* wenn man kein anderes Wort einsetzen kann. Oder anders ausgedrückt: Wenn die Ersatzprobe mit *ein/welches/dieses/jenes* keinen sinnvollen Satz ergibt, ist *dass* eine Konjunktion.

Kaum zu glauben, aber wahr: Jeder dritte (!) Rechtschreibfehler, der im Deutschen gemacht wird, ist auf die falsche Verwendung von *das* und *dass* zurückzuführen. Da lohnt es sich wirklich, das Problem gründlich anzugehen und die Ersatzprobe (↑ S. 29) nochmals genauer anzuschauen.

das oder *dass?*

1. Ich habe ____ Buch, ____ auf meinem Schreibtisch liegt, noch nicht gelesen.
2. ____ Kind, ____ spielen kann, ist glücklich.
3. Die Wüstentour wird ein Abenteuer werden, auf ____ ich mich schon seit Langem freue.
4. Ich gebe dir dein Taschengeld, ____ du aber nicht gleich wieder ausgeben sollst.
5. Es ist mir völlig neu, ____ ihr umgezogen seid.
6. ____ du mich so gelobt hast, werde ich dir nie vergessen.
7. Ich will nicht, ____ du morgen müde bist.

Ersatzprobe

Sind die gesuchten Wörter *das* oder *dass* ein Artikel, ein Demonstrativpronomen oder ein Relativpronomen? Kannst du für die gesuchten Wörter *das* oder *dass* ein anderes Wort, also *ein, welches, dieses* oder *jenes,* einsetzen?

Ja

Wenn du diese Fragen mit Ja beantworten kannst, dann gilt die Schreibung mit *s*.

Schreibung mit *s*

1. Ich habe **das** Buch, **das** auf meinem Schreibtisch liegt, noch nicht gelesen.
   ein – **welches**

2. **Das** Kind, **das** spielen kann, ist glücklich.
   Ein – **welches**

3. Die Wüstentour wird ein Abenteuer werden, auf **das** ich mich schon seit langem freue.
   welches

4. Ich gebe dir dein Taschengeld, **das** du aber nicht gleich wieder ausgeben sollst.
   welches

Nein

Wenn du auf diese Fragen mit Nein antwortest, gilt die Schreibung mit *ss*.

Schreibung mit *ss*

5. Es ist mir völlig neu, **dass** ihr umgezogen seid.

6. **Dass** du mich so gelobt hast, werde ich dir nie vergessen.

7. Ich will nicht, **dass** du morgen müde bist.

3

4 Groß- und Kleinschreibung

Großschreibung

Grundsätzlich gilt:

Man schreibt immer groß:
- das erste Wort eines Satzes,
- das erste Wort eines selbstständigen Satzes nach einem Doppelpunkt,
- das erste Wort einer direkten Rede.

Er ist groß.
Das ist die Vereinbarung: **W**ir fahren morgen.
Mit seinem ständigen „**I**ch mag nicht“ nervt er.

Substantive werden immer großgeschrieben. Substantive erkennt man daran, dass sie in den meisten Fällen einen bestimmten oder unbestimmten Artikel bei sich haben.

der **S**chüler · die **S**chülerin · ein **M**ädchen · eine **S**chule · das **H**aus · der **G**arten · eine **K**atze

Diese Grundregel gilt auch für **ins Deutsche übernommene Wörter** aus anderen Sprachen.

der **S**wimmingpool · der **D**rink

Wörter mit den Suffixen (Nachsilben) ***-ung, -heit, -nis, -schaft, -tum, -ling*** oder ***-sal*** sind Substantive. Man schreibt sie daher groß.

die Befrei**ung** · die Frei**heit** · die Fair**nis** · die Beleg**schaft** · das Heilig**tum** · der Säug**ling**

Eigennamen werden ebenfalls immer großgeschrieben.

Frau **M**üller ist eine beliebte Lehrerin.

Aufgepasst: Auch mehrteilige Eigennamen werden immer großgeschrieben.

der **A**lte Fritz · der **H**eilige Abend

Groß schreibt man auch **alle Wörter, die als Substantive gebraucht werden (Substantivierungen),** auch dann, wenn sie ursprünglich zu einer anderen Wortart gehören. Oder anders ausgedrückt: Ausschlaggebend für die Großschreibung eines Wortes ist immer seine Aufgabe im Satz.

Das schnelle **L**aufen brachte ihn außer Atem. · Schule ist das **S**chönste im Leben! · Weihnachten ist für ihn nichts **B**esonderes. · Wir müssen das **F**ür und **W**ider sorgsam abwägen. · Der Hund ist eine **S**ie.

4

Substantivierte Verben

Als Substantiv gebrauchte Verben werden großgeschrieben.
Häufig ist dann ein Artikel vorangestellt.

Das **L**esen von Comics macht Spaß. · In der Schule lernt man das **S**chreiben.

Aufgepasst: Wenn der Artikel fehlt, kann man groß- oder kleinschreiben.

In der Schule lernt man **S**chreiben/**s**chreiben.

Auch **zusammengesetzte Verben,** die als Substantiv gebraucht werden, werden großgeschrieben.

In 3 000 m Höhe fällt das **L**uftholen manchmal sehr schwer.

Substantivierte Adjektive

Adjektive werden großgeschrieben, wenn sie im Satz als Substantiv verwendet werden. *Aufgepasst:* Häufig geht dem substantivierten Adjektiv ein Artikel voraus. In bestimmten Fällen ist sowohl Groß- als auch Kleinschreibung möglich (↑S. 45).	Fußball ist für ihn das **G**rößte. · Der **S**chnellste gewinnt. · Der Detektiv tappt schon lange im (in dem) **D**unkeln. · Im **A**llgemeinen gilt … · Sie ist die **B**este.
Adjektive werden immer dann zu Substantiven, wenn sie auf **unbestimmte Mengenangaben** folgen: *allerlei, alles, etwas, genug, nichts, viel, wenig.*	allerlei **G**utes · alles **S**chöne · nichts **N**eues · wenig **B**untes · etwas **T**olles · genug **N**ebensächliches · viel **A**llgemeines
Bei den Adjektiven musst du Folgendes beachten: Adjektive, die sich auf ein Substantiv beziehen, das an einer anderen Stelle im Satz steht, werden kleingeschrieben. In diesen Fällen musst du dir das Substantiv dazudenken (↑S. 43).	Junge Ponys sind manchmal übermütiger als **a**lte (Ponys).
Auch Verbindungen mit ***am*** **und** einem **Superlativ** werden kleingeschrieben. Du kannst sie mit *wie?* erfragen (↑S. 47).	Das Auffinden der geheimen Konten ist **am s**chwierigsten. · Eine selbst gemachte Pizza schmeckt mir **am b**esten.

Oft sind Adjektive auch in **mehrteiligen Eigennamen** enthalten. Wenn sie eindeutig zusammengehören, werden sie ebenfalls großgeschrieben.

der **S**chiefe **T**urm von Pisa · das **T**ote **M**eer · das **N**eue **T**estament

Substantivierte Partizipien

Partizipien entstehen aus Verben und werden mit der Endung *-end* (Partizip Präsens) oder der Vorsilbe *ge-* (Partizip Perfekt) gebildet. Sie werden großgeschrieben, wenn sie als Substantiv verwendet werden. Auch sie haben häufig einen Artikel bei sich.

Der **B**adende wird nass. · Das **G**eschriebene ist gültig. · Das **G**ehörte war unglaublich.

Nicht nur Adjektive (↑S. 34), auch Partizipien musst du großschreiben, wenn sie auf eine **unbestimmte Mengenangabe** folgen.

alles **G**ute · etwas **G**eschriebenes · wenig **G**eeignetes

Substantivierte Pronomen

Pronomen, die als Substantive gebraucht sind, werden großgeschrieben. Auch hier geht in den meisten Fällen ein Artikel voraus. Possessivpronomen mit Artikel können groß- oder kleingeschrieben werden.

Dieser Hund ist eine **S**ie und kein **E**r. · Er hat das **S**einige (*oder* das **s**einige) dazu beigetragen.

Aufgepasst: Pronomen, die als Stellvertreter gebraucht werden, schreibt man klein (↑S. 45).

Kann mir **j**emand helfen?

Weitere Substantivierungen

Als Substantiv gebrauchte Adverbien, Präpositionen, Konjunktionen und Interjektionen schreibt man groß.
Sie treten häufig als **Paarformeln** auf:

- Adverbien, — das ganze **D**rum und **D**ran
- Präpositionen, — das **F**ür und **W**ider dieses Vorschlags
- Konjunktionen, — nicht nur das **O**b, sondern auch das **W**ie
- Interjektionen. — mit lautem **W**eh und **A**ch · mit großem **H**urra begrüßen

Aufgepasst: Bei mehrteiligen, mit einem Bindestrich verbundenen Konjunktionen bezieht sich die Großschreibung nur auf das erste Wort.

Es gibt hier nur ein **S**owohl-als-auch, kein **E**ntweder-oder.

Als Substantiv gebrauchte **Zahlwörter** schreibt man groß.

Jim Knopf und die wilde **D**reizehn · eine **S**echs würfeln · vier **E**insen im Zeugnis haben

Bestimmte Zahlwörter können, wenn sie eine unbestimmte, nicht in Ziffern schreibbare Menge bezeichnen, großgeschrieben werden. *Aufgepasst:* Es ist auch Kleinschreibung erlaubt.

Dutzende/dutzende · Hunderte/hunderte · Tausende/tausende

Auch **unbestimmte Zahladjektive** werden großgeschrieben, wenn sie als Substantiv gebraucht werden.

alles **Ü**brige · nicht das **G**eringste · das gewisse **E**twas · etwas **D**erartiges · jeder **E**inzelne

Die **Zahladjektive** *viel, wenig, (der) eine, (der) andere* können großgeschrieben werden, wenn ihr substantivischer Charakter hervorgehoben werden soll oder wenn sie eine übertragene Bedeutung haben. *Aufgepasst:* In der Regel werden sie jedoch kleingeschrieben (↑S. 46).

Das Lob **der V**ielen war ihr nicht wichtig. · Ich bin auf der Suche nach **dem A**nderen.

Es gab **v**iele, die nicht mitmachen wollten. · Die **m**eisten blieben zu Hause.

Als Substantiv gebrauchte **Bruch- und Ordnungszahlen** werden großgeschrieben. Wieder steht häufig ein (bestimmter oder unbestimmter) Begleiter dabei.

ein **V**iertel des Kuchens · vom **H**undertsten ins **T**ausendste kommen · Jeder **D**ritte, der kam, trug einen Hut. · Den **L**etzten beißen die Hunde.

Tageszeiten und Zeitangaben

Tageszeiten können als Substantiv auftreten. Man erkennt sie meist am Artikel oder einem Pronomen und schreibt sie daher groß.

Der Abend ist die schönste Tageszeit. · **Am V**ormittag ist der Strand ganz leer. · **Jeden M**ittag gehe ich schwimmen.

Manchmal fehlen der Artikel oder ein Pronomen als Erkennungszeichen; stattdessen steht eine **Präposition.**

zu Mittag essen · **gegen A**bend kommen · **vor M**itternacht einschlafen

Die Zeitangaben können auch **im Genitiv** stehen. Ihnen wird dann ein *-s* angehängt.

eines Tage**s** · **des** Abend**s** · **eines** Morgen**s**

Tageszeiten, die **nach** den Adverbien ***vorgestern, gestern, heute, morgen*** und ***übermorgen*** stehen, werden großgeschrieben.

gestern **M**orgen · heute **A**bend · morgen **N**acht

Auch **Wochentage** sind Zeitangaben. Sie werden großgeschrieben, wenn sie im Satz als Substantiv verwendet werden. Hinweis: Auch sie erkennst du am Begleiter.

Clara hat **am M**ontag Klavierunterricht. · **Am F**reitagabend gehen wir essen.

Sprach- und Farbbezeichnungen

In Verbindung mit Präpositionen werden Sprach- und Farbbezeichnungen großgeschrieben.

bei Grün losfahren · ein Reiseführer **in D**änisch

Paarformeln

Undeklinierte Adjektive, die mehrere Personen gemeinsam bezeichnen (man nennt sie Paarformeln), werden großgeschrieben.

Alt und **J**ung · **G**roß und **K**lein · **A**rm und **R**eich

Feststehende Begriffe

Bestimmte feststehende Begriffe werden großgeschrieben:

- Titel oder Amtsbezeichnungen, — der **H**eilige **V**ater · der **S**tellvertretende **B**ürgermeister
- Arten und Rassen in der Biologie, — der **D**eutsche **S**chäferhund
- besondere Kalendertage und — der **W**eiße **S**onntag · der **E**rste **M**ai
- historische Ereignisse. — der **Z**weite **W**eltkrieg

Bei bestimmten Gesamtbegriffen oder fachsprachlichen Ausdrücken ist sowohl Groß- als auch Kleinschreibung möglich (↑S. 44).

die **G**elbe *oder* **g**elbe Karte · Er leistet **E**rste *oder* **e**rste Hilfe · der **G**oldene *oder* **g**oldene Schnitt

Geografische Bezeichnungen

Die von geografischen **Eigennamen** abgeleiteten Wörter auf *-er* schreibt man immer groß.

der **K**ölner Dom · eine **M**annheimer Firma · die **S**chweizer Industrie

Auch **Adjektive,** die von geografischen Namen abgeleitet sind und Teil eines Eigennamens sind, werden großgeschrieben.

der **B**ayerische Wald · die **S**chwäbische Alb

Aufgepasst: Die von geografischen Namen abgeleiteten Wörter auf *-isch, -ische, -ischer, -sch* schreibt man klein, wenn sie nicht Teil eines Eigennamens sind.

die **c**hines**isch**e Seide · der **w**estfäl**isch**e Schinken

Auch einige **feste Verbindungen** behalten die ursprüngliche Kleinschreibung von Adjektiven bei.

der **g**rüne Punkt · das **n**eue Jahr

Personennamen

Von Personennamen **abgeleitete Adjektive** werden großgeschrieben, wenn sie **Teil eines Eigennamens** sind (↑S. 46).

das **E**lisabethanische Drama · der **H**alleysche Komet · die **C**ansteinsche Bibelanstalt

Zusammensetzungen mit mehreren oder mehrteiligen **Namen** werden ebenfalls großgeschrieben. Meist steht in solchen Zusammensetzungen ein Bindestrich.

Johann-**S**ebastian-**B**ach-**G**ymnasium · **S**t.-**M**arien-**K**irche

Höfliche Anrede

Die **Höflichkeitsanrede** *Sie* und das entsprechende Possessivpronomen *Ihr* werden großgeschrieben (zur Groß- und Kleinschreibung von *du* ↑ S. 45).
Aufgepasst: Das rückbezügliche *sich* in der höflichen Anrede wird kleingeschrieben.

Konnten **S**ie alles besorgen? · Wie geht es **I**hren Kindern?

Haben **S**ie **s**ich verletzt?

Die **Pronomen in bestimmten** selten vorkommenden **Anredeformen und Titeln** schreibt man groß.

Schweig **E**r! · Wollt **I**hr **E**uch selbst überzeugen, edler Herr? · Auf das Wohl **I**hrer Majestät, der Königin!

Titel und Namen

In Titeln von Büchern, Filmen, Kunstwerken, Zeitschriften usw. wird das erste Wort großgeschrieben. Der Titel steht gewöhnlich in Anführungszeichen.

Hast du schon „**F**ünf Freunde“ gelesen? · Gestern habe ich „**G**ute Zeiten, schlechte Zeiten“ gesehen.

Zeitschriftennamen stehen häufig auch ohne Anführungszeichen.

Mein Vater liest die Frankfurter Allgemeine, meine Mutter die Zeit.

Werktitel werden flektiert. Man schreibt dann das erste Wort groß.

Ich war zweimal im „**D**ritten Mann“.

Groß schreibt man:

am Satzanfang, bei vollständigen Sätzen nach Doppelpunkt und in der höflichen Anrede. Außerdem schreibt man Substantive *(die Schule, das Haus)* und alle Wörter, die als Substantiv verwendet werden, die sogenannten Substantivierungen, groß (↑ S. 32–41).

Substantivierungen

- **Verben**
  In der Schule lernt man das **L**esen.
- **Adjektive**
  Fußball ist für ihn das **G**rößte.
- **Partizipien**
  der **L**esende, etwas **G**ekochtes
- **Pronomen**
  das gewisse **E**twas
- **Zahlwörter**
  die wilde **D**reizehn
- **Paarformeln**
  Jung und **A**lt
- **feststehende Begriffe**
  der **H**eilige **V**ater
- **die meisten unbestimmten Zahladjektive**
  nicht das **G**eringste
- **Konjunktionen**
  das **W**enn und **A**ber
- **Interjektionen**
  das **A**ch und **W**eh

Kleinschreibung

Grundsätzlich gilt:	
Alle Wörter, die keine Substantive sind, werden kleingeschrieben, wenn sie ihrer ursprünglichen Wortart entsprechend in einem Satz verwendet werden:	
■ Verben,	**s**pielen · **l**achen
■ Adjektive,	**s**chön · **b**unt
■ Artikel,	**d**er/**d**ie/**d**as · **e**in/**e**ine
■ Pronomen,	**d**u · **e**r · **m**ein
■ Partizipien,	**s**ehend · **g**elacht
■ Adverbien,	**g**ut · **b**öse
■ Präpositionen,	**i**n · **a**uf · **u**nter
■ Konjunktionen,	**w**enn · **d**anach
■ Zahlwörter.	**v**iel · **w**enig · **d**rei
Auch **Wörter, die sich im Satz auf ein Substantiv beziehen,** werden kleingeschrieben. Du merkst das daran, dass das Substantiv nur nicht genannt wird und du es dir ganz leicht hinzudenken kannst.	Die großen Fische fressen die **k**leinen (Fische). · Alte Schuhe sind meist bequemer als **n**eue (Schuhe).
Stehen **Frage- oder Ausrufezeichen** innerhalb eines ganzen Satzes, schreibt man klein weiter.	„Wie geht es dir?“, **f**ragte die Lehrerin. · „Glänzend!“, **a**ntwortete der Schüler. „Ich habe heute meine Aufgaben gemacht.“

Adjektive in festen Wortgruppen

Es gibt Wortgruppen (feste Begriffe), die keine Namen sind, obwohl sie oft als Namen angesehen werden. Diese Adjektive schreibt man in der Regel klein (zur Großschreibung in bestimmten Fällen ↑S. 39).

italienischer Salat · **k**ünstliche Intelligenz · die **m**ittlere Reife · das **n**eue Jahr · die **a**nalytische Geometrie

Aufgepasst: Entsteht eine neue Gesamtbedeutung, kannst du zur Hervorhebung dieses neuen Gebrauchs das Adjektiv auch großschreiben.

einen **b**lauen *oder* **B**lauen Brief bekommen · das **s**chwarze *oder* **S**chwarze Brett

Adverbien als Zeitangaben

Die Zeitangaben ***heute, gestern, vorgestern, morgen, übermorgen*** sind Adverbien und werden kleingeschrieben.

Wir waren **g**estern im Zirkus. · Das Wetter **h**eute ist sehr schön. · Sie geht **m**orgen früh zur Arbeit.

Aufgepasst: In bestimmten Verbindungen gelten diese **Adverbien als Substantive.**

gestern **M**orgen · heute **A**bend

Zeitangaben mit angehängtem -s werden als Adverbien kleingeschrieben.

frühmorgen**s** · **a**bend**s** · **m**ittwoch**s** · **n**acht**s** · **n**achmittag**s**

Feste adverbiale Wendungen

Kleinschreibung gilt in festen adverbialen Wendungen aus Präposition + artikellosem Adjektiv (1). In Verbindungen aus Präposition + dekliniertem Adjektiv ohne Artikel kann man das Adjektiv auch großschreiben (2).

(1) von **n**ah und **f**ern · sich etwas zu **e**igen machen
(2) von **n**ahem *oder* **N**ahem

Pronomen

Die Pronomen ***manche, jene, jede, beide, eine, einige, alle*** werden in allen Flexionsformen kleingeschrieben.

Nur **w**enige nehmen teil. · Die **b**eiden kenne ich.

Vertrauliche Anrede

Die vertraulichen Anreden *du* und *ihr* sowie die entsprechenden Possessivpronomen werden kleingeschrieben. In **Briefen** können *du* und *ihr* mit ihren Possessivpronomen auch großgeschrieben werden.

Wo habt **i**hr **e**ure Sachen gelassen? · Ich habe **e**uch gesucht.

Wie geht es **D**ir? · Seid **I**hr zurück?

Zahlwörter

Die **Grundzahlen** (Kardinalzahlen) von 0 bis 999 999 schreibt man klein.

Was **d**rei wissen, wissen bald **d**reißig. · um **s**ieben

Aufgepasst: Eine Grundzahl schreibt man groß, wenn sie die Ziffer oder den Zahlwert bezeichnet.

Der Zeiger nähert sich der **E**lf. · Er hat die **H**undert vollgemacht.

Zahlwörter

Die vier **Zahladjektive** ***viel, wenig, einige, andere*** werden in allen Formen kleingeschrieben (zu Ausnahmen ↑S. 37).

Das haben schon **v**iele erlebt. · Sie hatte etwas **a**nderes erwartet.

Wenn **Bruchzahlen** auf ***-tel*** und ***-stel*** vor einer Maßangabe stehen, schreibt man sie entweder getrennt und klein oder zusammen und groß.

ein **v**iertel Liter *oder* ein **V**iertelliter · **t**ausendstel Sekunde *oder* **T**ausendstelsekunde

Abgeleitete Adjektive

Von **geografischen Namen** abgeleitete Adjektive auf ***-isch*** schreibt man klein, wenn sie nicht Teil eines Namens sind (↑S. 40).

böhm**isch**e Dörfer · **c**hines**isch**e Seide

Von **Personennamen** abgeleitete Adjektive werden kleingeschrieben, wenn sie nicht Teil eines Namens sind (↑S. 40).
Aufgepasst: Man kann diese Adjektive großschreiben, dann aber mit Apostroph.

kafkaeske Gestalten · der **o**hmsche Widerstand (nach Ohm benannt)

die **G**oethe'schen Dramen

Superlative

Superlative mit ***am*** schreibt man klein (↑S. 34). In diesen Fällen kann man *am* nicht in *an dem* zerlegen, d. h., es steht kein Begleiter.

Etwas zu essen brauchen wir **am n**ötigsten. · Diese Regel ist **am l**eichtesten zu lernen.

Desubstantivierungen

Aus Substantiven entstandene Wörter anderer Wortarten werden kleingeschrieben.

Adverbien

abends · **t**eils · **r**echtens

bestimmte Adjektive

(mit *sein* oder *werden* verbunden)

Mir ist **a**ngst. · Sie ist mir **g**ram. · Du warst **k**lasse!

Präpositionen

dank · **k**raft · **l**aut · **s**tatt · **t**rotz · **s**eitens · **a**ngesichts · **n**amens · um … **w**illen

unbestimmte Pronomen und Zahlwörter

ein **b**isschen · ein **w**enig

Kleinschreibung innerhalb des Satzes

Nach Anführungen innerhalb eines Ganzsatzes schreibt man klein.

„Wohin gehst du", **f**ragte er. · Sie schrie: „**N**iemals!", **u**nd schlug die Tür zu.

Eingeschobene Sätze beginnen mit Kleinschreibung. Man trennt sie durch Gedankenstriche oder Klammern (↑S. 83) vom Hauptsatz.

Mein Bruder (**d**u hast ihn doch kennengelernt?) heiratet im September. · Dieses Bild – **e**s ist das bekannteste des Künstlers – wurde teuer verkauft.

Aufgepasst: Wenn der eingeschobene Satz in Anführungsstrichen steht, schreibt man das erste Wort groß (↑S. 32).

Mit seinem ständigen „**I**ch mag nicht" ging er uns allen auf die Nerven.

Groß oder klein?

Manche Wörter kann man als **feste Zusammensetzung** oder auch als **Wortgruppe** betrachten. Dann kannst du dir aussuchen, wie du schreiben möchtest.

aufgrund	– auf Grund	mithilfe	– mit Hilfe
zulasten	– zu Lasten	zumute sein	– zu Mute sein
vonseiten	– von Seiten	imstande sein	– im Stande sein
zugrunde	– zu Grunde	infrage kommen	– in Frage kommen

BESONDERS KNIFFLIG

Angst–angst · Bange–bange · Leid–leid · Recht–recht · Unrecht–unrecht · Schuld–schuld

Mit den Verben *sein* und *werden* schreibt man diese Wörter klein.	Mit anderen Verben schreibt man sie groß.
Mir wird **a**ngst.	**A**ngst machen · **A**ngst haben
Mir ist **a**ngst und **b**ange.	**B**ange machen · **B**ange haben
Ich bin es **l**eid.	**L**eid antun
Es ist mir **r**echt. Das ist **u**nrecht.	im **U**nrecht sein · **R**echt sprechen · **R**echt geben · etwas für **R**echt erkennen
Du bist **s**chuld.	**S**chuld haben · **S**chuld geben

Aufgepasst: In Verbindung mit *behalten, bekommen, geben, haben, tun* kannst du *recht/Recht* und *unrecht/Unrecht* klein- oder großschreiben.
Ich gebe ihm **r**echt/**R**echt. · Du tust ihm **u**nrecht/**U**nrecht.

Zahlwörter
Bestimmte Zahlwörter können, wenn sie eine unbestimmte, nicht in Ziffern schreibbare Menge bezeichnen, großgeschrieben werden.

Tausende	**t**ausende
Dutzende	**d**utzende
Hunderte	**h**underte

Mal – mal
Wenn man *Mal* **deklinieren** kann, schreibt man groß.

hundert **M**ale	*aber:* **h**undertmal

Reime und Eselsbrücken

Reime und Eselsbrücken bleiben prima im Gedächtnis haften: „Wer nämlich mit h schreibt, ist dämlich!" – Oder: „Gar nicht wird gar nicht zusammengeschrieben!" Lass dir auch selbst Reime und Eselsbrücken einfallen. Es funktioniert!

Memory®

Schreib deine Problemwörter auf je zwei Karteikärtchen, male ein Bild oder eine Comicszene dazu und spiele dein selbst gebasteltes Memory mit einem Freund, einer Freundin oder deinen Eltern.

Im Rückwärtsgang

Nach einem Übungsdiktat oder einer Abschrift liest du dir deinen Text noch einmal durch – aber von hinten nach vorne, Wort für Wort. So kann man Fehler nicht so leicht überlesen.

Fehlersuche

Der Detektiv bist du. Lass dir von einem Freund, von deinen Geschwistern oder deinen Eltern eine Reihe von Wörtern aufschreiben, die nicht alle richtig geschrieben sind! Jetzt darfst du die Fehler suchen.

Kreuzworträtsel

Deine Eltern wollten dir schon immer bei den Schularbeiten helfen? Fordere sie auf, dir aus deinen Problemwörtern ein Kreuzworträtsel zu basteln. Das Lösen des Kreuzworträtsels musst du dann allerdings selbst übernehmen.

Erst einfach, dann schwierig

Fang beim Lernen mit einfachen Wörtern an, erst danach kommen die schwierigeren Wörter.

Wörter für die Zimmertür

Sitzt du gerne am Computer? Dann schreibe deine fehlerträchtigen Wörter in Fettdruck (oder bunt oder besonders groß) mit dem Computer, drucke die Seite (oder die Seiten) aus und hänge sie dir einige Tage an die Zimmertür. Tausche die Wörter immer mal wieder aus.

Lexikonspiel

Kennst du das Lexikonspiel? Hier die Variante für eine bessere Rechtschreibung: Such in einem Rechtschreibwörterbuch nach kniffligen Wörtern und lass einen Schulfreund raten, wie das Wort geschrieben wird. Vergiss nicht, dich mit deinem Freund abzuwechseln (z.B. jeweils nach fünf Wörtern).

Nie mehr vergessen

Hast du ein Wort, das du immer falsch schreibst? Suche dir vier weitere, schaue dir die Wörter fünf Minuten lang an und versuche jetzt, sie zu vergessen. Was man unbedingt vergessen möchte, bleibt nämlich garantiert im Gedächtnis haften.

Ganz ruhig bleiben!

Lass dich nicht verunsichern! Du weißt schließlich, dass du gelernt hast und was du kannst – also geh ruhig und gelassen in die Klassenarbeit.

5 Getrennt- und Zusammenschreibung

Grundsätzlich gilt:

Wortgruppen schreibt man grundsätzlich getrennt, Wortzusammensetzungen jedoch zusammen. Eine Unterscheidung ist aber nicht immer leicht.
Die folgenden Regeln helfen dir bei der richtigen Schreibung.

Wortgruppe: da sein · baden gehen · Rad fahren
Zusammensetzungen: Fahrradklingel · hellgrün · zusammenschreiben

Verben

Zusammengesetzte Verben

Zusammengesetzte Verben unterteilt man in trennbare und untrennbare Zusammensetzungen (↑S. 65). Oft zeigt die Betonung, um welche Art von Verb es sich handelt.

übersetzen (*trennbar:* Der Fährmann setzte über.) · übersetzen (*nicht trennbar:* Sie übersetzte den Text.)

Trennbare Zusammensetzungen können im Satz **getrennt** stehen. Sie werden nur
- im Infinitiv,
- im Partizip Präsens,
- im Partizip Perfekt oder
- bei der Endstellung im Nebensatz

zusammengeschrieben.

aufgehen
aufgehende Sonne
aufgegangene Sonne
…, bis sie aufgeht.
aber: Die Sonne geht auf.

Untrennbare Zusammensetzungen werden in allen konjugierten Formen zusammengeschrieben.

durchqueren: Der Jeep durchquert die Wüste · handhaben: Ich handhabe das so. · schlussfolgern: Daraus kann man schlussfolgern, …

Verbindungen von Verb + Verb

Verbindungen von Verb + Verb schreibt man in der Regel getrennt.

laufen lernen · spazieren gehen · lesen üben

Verbindungen mit dem Verb ***sein*** werden prinzipiell getrennt geschrieben.

da sein · beisammen sein · sein lassen

Aufgepasst: Werden solche Verbindungen im Satz substantivisch gebraucht, werden sie zusammengeschrieben.

Das **Beisammensein** am letzten Freitag war sehr nett. · Sein Motto: **Dabeisein** ist alles.

Verbindungen von **Verb + *bleiben*** oder **Verb + *lassen*** kann man getrennt oder zusammenschreiben, wenn die Verbindung eine **eigene (übertragene) Bedeutung** hat.

liegen bleiben *oder* liegenblieben (unerledigt bleiben) *aber nur getrennt:* (im Bett) liegen bleiben

Das Verb ***kennenlernen*** darf man sowohl getrennt als auch zusammenschreiben.

kennenlernen *oder* kennen lernen

5

Verbindungen von Partizip + Verb

Verbindungen von Partizip + Verb werden in der Regel getrennt geschrieben.

getrennt schreiben · gefangen nehmen

Aufgepasst: Wenn diese Verbindungen wie ein Substantiv gebraucht werden, gilt auch hier Zusammenschreibung.

das Getrenntschreiben · das Gefangennehmen

Verbindungen von Adverb + Verb

Verbindungen von Adverb + Verb werden meistens zusammengeschrieben. Entscheidend ist dabei, wo die **Betonung** liegt:

- Wird der erste Bestandteil betont, schreibt man zusammen.

  abwärtsfließen · aufeinanderlegen · wiederkommen (zurückkommen)

- Wird (auch) der zweite Bestandteil betont, schreibt man getrennt.

  rückwärts einparken · übereinander stolpern

Zusammengeschrieben werden auch Verbindungen mit Bestandteilen, die heute oft **nicht mehr** als **freie Wörter** vorkommen.

abhandenkommen · anheimstellen · innehalten · überhandnehmen

Ebenfalls zusammengeschrieben werden Verbindungen mit Bestandteilen, die in der Verbindung mit dem Verb **keiner bestimmten Wortart** zugeordnet werden können.

fehlgehen · feilbieten · heimsuchen · kundtun · weismachen · wetteifern

Verbindungen von wieder + Verb/ wider + Verb

Verben mit ***wieder*** werden **je nach Bedeutung** entweder getrennt oder zusammengeschrieben: Zusammenschreibung gilt vor allem, wenn *wieder* die Bedeutung von **„zurück“** hat.

wiederkommen · wiedergewinnen

Getrenntschreibung ist anzuwenden, wenn *wieder* wie ***„nochmals“, „erneut“*** gemeint ist.

wieder einsetzen · wieder versuchen

Die Vorsilbe ***wider-*** hat die Bedeutung von **„gegen“**. Verbindungen mit *wider-* werden immer zusammengeschrieben.

widersprechen · widersetzen

Verbindungen von Substantiv + Verb

Verbindungen von Substantiv + Verb schreibt man getrennt, wenn das **Substantiv** als **eigenständig** angesehen wird.

Rad fahren · Kartoffeln schälen · Klavier spielen · Schlittschuh laufen

Aufgepasst: Bei substantivischem Gebrauch gilt auch hier Zusammenschreibung.

Das Radfahren macht Spaß.

Verbindungen von Substantiv + Verb schreibt man zusammen, wenn das **Substantiv verblasst** ist. Bei getrennter Wortstellung wird das Substantiv klein geschrieben.

heimfahren (sie fährt **h**eim) · kopfstehen (wir stehen **k**opf) · teilnehmen (ihr nehmt **t**eil)

Verbindungen von Adjektiv + Verb

Immer getrennt vom Verb werden Adjektive geschrieben, die als **Artangaben (Umstandsangaben)** verwendet werden.

schnell fahren · deutlich sprechen · sich riesig freuen · lauter reden

Verbindungen mit zusammengesetzten oder erweiterten Adjektiven schreibt man ebenfalls getrennt.

lauwarm machen · zu warm machen

Verbindungen von Adjektiv + Verb schreibt man zusammen, wenn durch die Verbindung eine **neue Gesamtbedeutung** entsteht.

krankschreiben · kürzertreten · heiligsprechen

Ist dies nicht der Fall, schreibt man getrennt, das ist der Normalfall (s. o.).

höllisch aufpassen · laut lachen

Wenn man nicht genau entscheiden kann, **ob** eine **neue Gesamtbedeutung** vorliegt, kann man sowohl getrennt als auch zusammenschreiben.

(etwas) gering achten *oder* geringachten · (sich über etwas) klar werden/ *oder* klarwerden

Wird durch das Adjektiv in der Verbindung das **Ergebnis der** mit dem ganzen Verb beschriebenen **Tätigkeit ausgedrückt,** kann ebenfalls getrennt oder zusammengeschrieben werden.

glatt hobeln *oder* glatthobeln · klein schneiden *oder* kleinschneiden · kaputt machen *oder* kaputtmachen

Aufgepasst: Ist das Adjektiv in solchen Verbindungen erweitert, gilt nur Getrenntschreibung (s. o.).

superglatt hobeln · zu klein schneiden

Adjektive und Partizipien

Verbindungen aus Adjektiv + Adjektiv

Zusammen schreibt man zusammengesetzte Adjektive,

- wenn der erste Bestandteil die **Bedeutung vermindert oder verstärkt,**

  bitterkalt · brandaktuell · superklug · stocktaub · hellgelb · totenstill

- wenn einer der beiden Bestandteile **nicht allein vorkommen** kann.

  großspurig · letztmalig · vieldeutig · blauäugig

Gesteigerte und erweiterte Adjektive

Eine Verbindung aus zwei Adjektiven, in der das erste Adjektiv gesteigert oder erweitert ist, wird getrennt geschrieben.

leichter verdauliche Speisen · eine **höchst** erfreuliche Entwicklung · ein **besonders dicht** bevölkertes Land

Verbindungen von *nicht* mit Adjektiven

Verbindungen von *nicht* mit Adjektiven können sowohl getrennt als auch zusammengeschrieben werden.

nicht öffentlich *oder* nichtöffentlich · nicht rostend *oder* nichtrostend

Aufgepasst: Sind diese Verbindungen substantiviert, kannst du ebenfalls getrennt oder zusammenschreiben.

nicht Zutreffendes *oder* Nichtzutreffendes bitte streichen

Verbindungen aus Substantiv + Adjektiv

Verbindungen aus Substantiv + Adjektiv, die **verkürzt für eine Wortgruppe** stehen und einen **festen Begriff** bilden, schreibt man zusammen. (Die Wortgruppe, für die die Verbindung steht, müsste mindestens noch einen Artikel bei sich haben.)

staubtrocken (trocken wie Staub) · meterhoch (einen/mehrere Meter hoch)

Verbindungen mit einem Fugenelement

Verbindungen, die ein **Fugen-s** oder ein anderes **Fugenelement** wie beispielsweise den Buchstaben *-e* enthalten, werden prinzipiell zusammengeschrieben.

alter**s**schwach · sonne**n**arm · werb**e**wirksam

Verbindungen aus Substantiv + Partizip

Auch Verbindungen aus Substantiv + Partizip, die für eine Wortgruppe stehen und einen festen Begriff bilden, schreibt man zusammen.

mondbeschienen (= vom Mond beschienen) · herzerquickend (= das Herz erquickend) · freudestrahlend (= vor Freude strahlend)

Verbindungen aus Substantiv + Partizip

Auch Partizipverbindungen mit einem Fugenelement schreibt man zusammen.

arbeit**s**erleichternd · sonne**n**beschienen

Eine Verbindung aus Substantiv + Partizip schreibt man ebenfalls zusammen, wenn das **Substantiv** in dieser Form **nicht selbstständig** vorkommt.

friedliebend · nutzbringend („nutz“ oder „fried“ gibt es nicht)

Zusammen schreibt man Substantiv + Partizip auch, wenn die zugrunde liegende Verbindung aus **Substantiv + Verb** zusammengeschrieben wird.

teilnehmend (→ teilnehmen) · heimgefahren (→ heimfahren) · irreführend (→ irreführen) · wettgemacht (→ wettmachen)

Aufgepasst: Wird die Partizipverbindung wie ein Adjektiv gebraucht und wird die zugrunde liegende Verbindung aus Substantiv und Verb getrennt geschrieben, darf man sowohl getrennt als auch zusammenschreiben.

die Eisen verarbeitende *oder* eisenverarbeitende Industrie (→ Eisen verarbeiten) · die Erholung suchende *oder* erholungsuchende Familie (→ Erholung suchen) · die Not leidende *oder* notleidende Bevölkerung (→ Not leiden)

Präposition + Substantiv

Eine Verbindung aus Präposition + Substantiv schreibt man zusammen, wenn das Substantiv verblasst und die Verbindung

- zu einer neuen **Präposition** oder
- zu einem **neuen Adverb** geworden ist.

anhand · infolge · inmitten · zufolge

beizeiten

Viele häufig gebrauchte Verbindungen aus Präposition und Substantiv kann man auch als Wortgruppe ansehen und daher zusammen- **oder** getrennt schreiben.

anstelle *oder* an Stelle · aufgrund *oder* auf Grund · aufseiten *oder* auf Seiten · infrage *oder* in Frage (stellen) · instand *oder* in Stand (setzen) · mithilfe *oder* mit Hilfe · zugrunde *oder* zu Grunde

Aufgepasst: Wortverbindungen aus Präposition + Substantiv, in denen das Substantiv **nicht verblasst** ist, werden getrennt geschrieben.

zu Fuß · zu Ende · unter der Hand · von Sinnen

Einzelfälle

Die Verbindung *umso* wird zusammengeschrieben, wenn sie vor gesteigerten Adjektiven steht.

umso mehr · umso lieber

Weitere Zusammenschreibungen

Zusammengesetzte Wörter aus verschiedenen Wortarten, deren einzelne Bestandteile nicht mehr deutlich zu erkennen sind, schreibt man zusammen.	bergauf · bergab · kopfüber · zuallererst · zuallerletzt · zuletzt · einigermaßen
Verbindungen mit *irgend-*: Verbindungen mit *irgend-* werden grundsätzlich ebenfalls zusammengeschrieben.	irgendwer · irgendwo · irgendjemand · irgendein · irgendetwas
Aufgepasst: Ausgenommen von dieser Regel sind Fälle, in denen der zweite Bestandteil erweitert ist.	irgend **so** ein · irgend **so** etwas
Konjunktionen: Konjunktionen, also Wörter, die einen Nebensatz einleiten, werden meistens zusammengeschrieben.	nachdem · soweit · anstatt · sobald · sofern · soviel · soweit · sooft · sodass *aber auch:* so dass
Aufgepasst: Eine Wortgruppe, die aus einer nicht flektierbaren Wortart und einem Adjektiv gebildet wird, wird hingegen getrennt geschrieben.	Kommt er tatsächlich **so bald** schon wieder zurück? · Seid ihr heute wirklich **so weit** gefahren? · Er hat es ihr schon **so oft** gesagt.

Weitere Zusammenschreibungen

Zusammenschreibung von Zahlen: Ableitungen von **Grundzahlen** (Kardinalzahlen) auf *-er* schreibt man zusammen, wenn als zweiter Bestandteil ein Substantiv folgt.	die Achterbahn · die Zehnergruppe
Aufgepasst: In Verbindung mit *Jahr* kannst du auch getrennt schreiben. Du schreibst dann die Ableitung auf *-er* klein.	in den **Neunzigerjahren** *oder* in den **neunziger Jahren**
Als Wörter geschriebene Zahlen schreibt man zusammen, wenn sie kleiner als eine Million sind.	neunzehnhundertneunundneunzig · achteinhalb · tausendsechsundsechzig
Als Wörter geschriebene Zahlen schreibt man getrennt, wenn sie größer als eine Million sind.	zehn Millionen fünfhunderttausend · zwei Millionen
Ableitungen von als Wort geschriebenen Zahlen und die entsprechenden Zusammensetzungen schreibt man ebenfalls zusammen.	achtfach · der Achtpfünder · die Achtziger · der Achteinhalbpfünder
Wenn **Bruchzahlen** auf *-tel* und *-stel* vor einer Maßangabe stehen, schreibt man sie entweder getrennt und klein oder zusammen und groß.	ein **v**iertel **K**ilogramm *oder* ein **V**iertelkilogramm · ein **z**ehntel **M**illimeter *oder* ein **Z**ehntelmillimeter

BESONDERS KNIFFLIG

Straßennamen

Man schreibt **zusammen,** wenn

- das erste Wort unverändert ist (1) oder
- aus Gründen des besseren Klangs *n, s* oder *en* eingeschoben wird (2).

(1) Schillerstraße · Neumarkt · Hochstraße
(2) Sperling**s**gasse

Man schreibt **mit Bindestrich,** wenn ein Straßenname durch mehr als ein Bestimmungswort gebildet wird.

Max-Weber-Platz · Niklas-Anzlinger-Allee

Man schreibt **getrennt,** wenn

- das erste Wort verändert ist (1) oder
- Präpositionen vorausgehen (2).

(1) Mannheim**er** Straße · Hohl**e** Gasse
(2) **Am** Neuen Markt

Geografische Namen

Ableitungen von geografischen Namen auf *-er* schreibt man mit dem nachfolgenden Substantiv **zusammen,** wenn sie Personen bezeichnen.

die **Schweizer**garde · der **Römer**brief

Ableitungen von geografischen Namen auf *-er* schreibt man vom folgenden Substantiv **getrennt,** wenn sie die geografische Lage bezeichnen.

die Walliser Alpen (die Alpen im Wallis/Schweiz) · der Frankfurter Flughafen

Aufgepasst: Es gibt geografische Namen auf *-er,* die keine Ableitung darstellen. Sie schreibt man **zusammen.**

der Brennerpass · die Glocknergruppe

Für die Getrennt- und Zusammenschreibung bei *zu* gilt:

Man schreibt **zusammen,** wenn ***zu*** beim Sprechen betont wird.	Man schreibt **getrennt,** wenn ***zu*** beim Sprechen nicht betont wird.
Der Teich wird **zufrieren.** Die Post wird ihm die Ware **zusenden.**	Sie hasst es, **zu frieren.** Der Kinderkanal hört auf **zu senden.**

Getrennt- und Zusammenschreibung bei *nachdem/nach dem, seitdem/seit dem, indem/in dem*

Man schreibt **zusammen,** wenn die Begriffe **als Konjunktion** gebraucht werden.	Man schreibt **getrennt,** wenn die Begriffe **als Präposition und Artikel** gebraucht werden.
Nachdem er gearbeitet hatte, spielte er.	**Nach dem** Essen spielt er.
Seitdem er spielte, arbeitete er nicht mehr.	**Seit dem** Spiel hat er nicht mehr gearbeitet.
Indem er spielte, hielt er sich gesund.	Es war keinerlei Spannung **in dem** Spiel.

Getrennt- und Zusammenschreibung bei *soviel/so viel, soweit/so weit*

Man schreibt **zusammen,** wenn die Begriffe **als Konjunktion** gebraucht werden.	Man schreibt **getrennt,** wenn die Begriffe **als Adverb und Adjektiv** gebraucht werden.
Soviel/soweit ich weiß, lebt sie jetzt in Rom.	Das ist zu teuer, **so viel** kann ich nicht bezahlen. **So weit** will ich nicht laufen.

Getrennt- und Zusammenschreibung bei Verb + Zusatz je nach Bedeutung

Leider gibt es bei einigen gleich geschriebenen Verben keine festen Regeln – da hilft nur, beim Schreiben mitzudenken. Manchmal sind auch zwei Schreibweisen möglich.

Der Fährmann **setzt** drei Passagiere **über** den Fluss.	Sie **übersetzt** die Verhandlung am Gericht ins Deutsche.
Die Schülerin **holt** sich ihren Radiergummi von der Lehrerin **wieder.**	Die Eltern wünschen, dass ihr Kind eine Klasse **wiederholt.**
Die Mutter **brach** den Keks in der Mitte **durch.**	Die Ganoven **durchbrachen** die Absperrung.
Der Autofahrer **fuhr** die Ampel **um.**	Der Busfahrer **umfuhr** den Stau.
Das Mädchen **hat** den Schulaufsatz **gut geschrieben.**	Die Bank hat mir 1 Million Euro **gutgeschrieben.**
Der Politiker **sprach frei** ins Mikrofon.	Der Richter hat den Angeklagten **freigesprochen.**
Der Arzt bittet den Patienten, den Oberkörper **frei zu machen** (*auch* freizumachen).	Diesen Brief müssen Sie mit 55 Cent **freimachen.**
Die Lehrerin hat den Merksatz an der Tafel viel zu **klein geschrieben.**	Adjektive werden meistens **kleingeschrieben.**
Das Kleinkind kann in den neuen Schuhen schon ziemlich **sicher gehen.**	Sie will in dieser Sache **sichergehen.**
Die drei Freundinnen sind jeden Morgen zur Schule **zusammen gefahren.**	Als der Schuss fiel, sind sie alle vor Schreck **zusammengefahren.**

5

6 Schreibung mit Bindestrich

Ein Bindestrich ist kein Gedankenstrich! Der (kurze) Bindestrich verbindet zwei Wörter miteinander, der (lange) Gedankenstrich dagegen ist ein Satzzeichen, das eine Pause oder ein Innehalten im Satz kennzeichnet (↑ S. 82 f.).

Bindestrich:
Feld- und Gartenfrüchte

Gedankenstrich:
Du kannst das Auto haben – und zwar geschenkt!

Ziffern, Einzelbuchstaben und Abkürzungen

Ein Bindestrich verbindet zusammengehörende Wörter oder Wortteile miteinander.

Zusammensetzungen von Wörtern mit Ziffern und Einzelbuchstaben werden durch einen Bindestrich miteinander verbunden.
Ableitungen mit *-fach* können ebenfalls mit Bindestrich geschrieben werden.

1-zeilig · **17**-jährig · der **x**-te Versuch · der **i**-Punkt · ein **5:2**-Sieg · **4**-mal

8fach/8-fach · das 8fache/8-Fache

Abkürzungen und Formelzeichen

Zusammensetzungen mit Kurzformen schreibt man mit Bindestrich.

Kfz-Papiere · **km**-Zahl · Musik-**CD** ·

Das gilt auch für Zusammensetzungen, deren Bestandteile abgekürzt sind.	röm.-kath. · Dipl.-Ing.
Zusammensetzungen von Formelzeichen mit Wörtern schreibt man mit Bindestrich.	**CO_2**-gesättigt · **H_2O**-haltig

Mehrgliedrige Zusammensetzungen

Bei **mehrgliedrigen Zusammensetzungen mit Einzelbuchstaben, Ziffern oder Abkürzungen** musst du zwischen allen Bestandteilen einen Bindestrich setzen.	**A**-Dur-Tonleiter · **S**-Bahn-Wagen · **800**-Jahr-Feier · **2**-Euro-Münze · Vitamin-**B**-haltig
Bildet eine **Verbindung aus Ziffern und Nachsilbe** den ersten Teil einer Zusammensetzung, so setzt du nur nach der Nachsilbe einen Bindestrich.	die **61er**-Bildröhre · eine **5er**-Gruppe · die **68er**-Generation · die **3fach**-Belegung
Bei einer **Verbindung aus Ziffer, Zeichen und Wort** steht der Bindestrich nur zwischen Zeichen und Wort.	**5 %**-Klausel · **20 °**-Marke
Bei **Abkürzungen und Ziffern,** auf die nur eine Endung folgt, darfst du keinen Bindestrich setzen.	ein 32stel · 100%ig · SPDler

Aneinanderreihungen

Zusammensetzungen können aus mehreren Wörtern bestehen. Solche Zusammensetzungen musst du als Ganzes mit Bindestrich versehen.

das Kopf-an-Kopf-Rennen · das Abend-Make-up · das Nord-Süd-Gefälle · der Magen-Darm-Katarrh

Infinitive mit mehr als zwei Bestandteilen, die im Satz wie ein Substantiv gebraucht werden, schreibt man mit Bindestrich.

zum Aus-der-Haut-Fahren · das Nicht-abschreiben-Lassen

Ergänzungsstrich

Der Ergänzungsstrich (Ergänzungsbindestrich) wird gesetzt, wenn in Zusammensetzungen ein gleicher Bestandteil nur einmal genannt wird.

Feld- und Gartenfrüchte · Geld- und andere Sorgen · Ein- und Ausgang

Übersichtlichkeit und Hervorhebung

Zur **Hervorhebung** einzelner Bestandteile von Zusammensetzungen und Ableitungen kann ein Bindestrich gesetzt werden.

die Ich-Sucht (*oder* Ichsucht) · der Ich-Erzähler (*oder* Icherzähler) · die Soll-Stärke (*oder* Sollstärke)

In **unübersichtlichen Zusammensetzungen** kannst du einen Bindestrich setzen.
Beim **Zusammentreffen von drei gleichen Buchstaben** kannst du ebenfalls einen Bindestrich setzen.

Lotto-Annahmestelle · Desktop-Publishing

Kaffee-Ersatz · Schwimm-Meisterschaft

Zusammensetzungen mit Eigennamen

Bei Zusammensetzungen mit **mehrteiligen Eigennamen** musst du zwischen allen Bestandteilen einen Bindestrich setzen.

die Albrecht-Dürer-Allee · der Elbe-Havel-Kanal · das Goethe-Schiller-Archiv · das Karl-May-Denkmal · die Johannes-Gutenberg-Schule

Wenn in einer Zusammensetzung ein **einfacher Eigenname oder ein geografischer Name** an erster Stelle steht, kannst du einen Bindestrich setzen, um den Namen **hervorzuheben.**

die Goethe-Ausgabe (*oder* die Goetheausgabe) · das Nil-Delta (*oder* das Nildelta) · der Irak-Krieg (*oder* der Irakkrieg)

Aufgepasst: Mehrteilige Zusammensetzungen werden gekoppelt (↑S. 68).

Rhein-Main-Flughafen

7 Fremdwörter

Schreibung und Aussprache

Grundsätzlich gilt:

Im Deutschen gibt es viele Wörter, die ursprünglich aus anderen Ländern und Sprachen stammen. Man nennt sie Fremdwörter. Für einige gibt es deutsche Entsprechungen, andere sind fester Bestandteil der deutschen Sprache. Sie werden häufig ganz anders geschrieben als gesprochen.

Rhapsodie · Apotheke · Sympathie · Medaille · Etage · Ingenieur

Fremdwörter

- werden häufig **mit *ph, rh, th* oder *y*** geschrieben,

  Physik · **Rh**euma · **Rhyth**mus · **Th**eater · L**y**rik

- enden häufig auf ***ie,***

  Demokrat**ie** · Homöopath**ie**

- haben im Wortinnern meistens nur ein **einfaches *i*.**

  Masch**i**ne · Law**i**ne

Schreibung und Aussprache eines Fremdworts richten sich in den meisten Fällen nach der Schreibung und Aussprache im Herkunftsland.

Team = [ti:m] · Restaurant = [resto'rã:]

In Fremdwörtern aus dem Lateinischen und Französischen wird *ti* in *tion* wie [ts] ausgesprochen.

Nation = [na'tsio:n]

Angleichung ans Deutsche

Werden Fremdwörter oft gebraucht, gleichen sie sich in ihrer Schreibung häufig der deutschen Sprache an.

Telephon	→	Telefon	Phantasie	→	Fantasie
Friseur	→	Frisör	Nougat	→	Nugat
Delphin	→	Delfin	Graphik	→	Grafik

Die Silben ***phon, phot, graph*** können im Deutschen auch mit *f* geschrieben werden.

Aufgepasst: Aus ***th*** kann nur in zwei Fällen ein einfaches ***t*** werden.

Photo *oder* **F**oto · Gra**ph**iker *oder* Gra**f**iker

Pan**th**er *oder* Pan**t**er · **Th**unfisch *oder* **T**unfisch

Pluralbildung

Fremdwörter bilden den Plural auf verschiedene Weise:

- durch Anhängen von ***e*** oder ***s*** oder

Telefon – Telefon**e** · Restaurant – Restaurant**s**

- durch Anhängen von ***en.***

Motor – Motor**en**

Aufgepasst: Einige Wörter bilden mehrere Pluralformen, die korrekt sind.

Glob**usse** – Glob**en** · Pizz**as** – Pizz**en**

7

Herkunft

Fremdwörter aus dem Englischen und Amerikanischen

Um Rechtschreibfehler zu vermeiden, beachtest du am besten die folgenden Regeln:

- *ee* wird als langes *i* gesprochen, — T**ee**nager · J**ee**p
- *ea* ebenfalls meist als langes *i*, — J**ea**ns · Fr**ea**k
  Ausnahme z. B.: Sweatshirt,
- *y* wird *ei* gesprochen, — B**y**te · Rec**y**cling
- *i* wird ebenfalls oft *ei* gesprochen. — Des**i**gn · H**i**ghl**i**ght

Fremdwörter aus dem Französischen

Um Rechtschreibfehler zu vermeiden, beachte folgende Regeln:

- *ou* wird wie ein deutsches *u* gesprochen, — S**ou**venir · T**ou**rist · C**ou**sine
- *ai* wird ähnlich dem deutschen *ä* gesprochen, — Pal**ai**s · S**ai**son
- *ill* wird als [lj] oder [ij] gesprochen, — Meda**ill**e · Ta**ill**e
- *eu* wird *ö* gesprochen, — Ingeni**eu**r
- *g* wird als [ʒ] gesprochen, wenn es vor *e* oder *i* steht. — Gara**g**e · Passa**g**ier

Fremdwörter aus dem Lateinischen

Ein großer Teil unseres Wortschatzes stammt aus dem Lateinischen. Solche Wörter enden häufig auf *-ion, -ant, -al, -us, -tät, -um* oder *-or.*

Un**ion** · Konso**nant** · sozi**al** · Exi**tus** · Universi**tät** · Publik**um** · Profess**or**

Fremdwörter aus dem Griechischen

Fremdwörter aus dem Griechischen werden häufig mit *ph, rh, th* oder *y* geschrieben.

Al**ph**abet · **Ph**arao · **Rh**euma · Apo**th**eke · **Th**ema · T**y**rann · S**y**stem

Zusammengesetzte Fremdwörter

Groß- und Kleinschreibung:
Bei zusammengesetzten Fremdwörtern, die wie ein Substantiv gebraucht werden, schreibt man das erste Wort sowie weitere substantivierte Bestandteile der Fügung oft groß.

Midlife-**C**risis (*auch* Midlifecrisis) · **F**ulltime-**J**ob (*auch* Fulltimejob) · **W**alkie-**T**alkie

Aufgepasst: Feste adverbielle Fügungen, die Fremdwörter enthalten, werden kleingeschrieben.

a cappella singen · **de facto** anerkennen

Getrennt oder zusammen?

- Zusammengesetzte Fremdwörter werden zusammengeschrieben. Zur besseren Lesbarkeit kannst du auch einen Bindestrich (↑S. 69) setzen.

Deskto**pp**ublishing *oder* Deskto**p-P**ublishing · Scienc**ef**iction *oder* Scienc**e-F**iction

- Aneinanderreihungen und Zusammensetzungen aus (englischsprachigen) Wortgruppen schreibt man mit Bindestrich.

Rooming-in · Stand-by · Knock-out · No-Future-Generation

- Du kannst zusammenschreiben, wenn die Wörter lesbar bleiben.

Knockout · Standby

Fremdwörter und ihre Herkunft

Man unterscheidet Lehnwörter und Fremdwörter. Lehnwörter sind aus einer fremden Sprache entlehnte Wörter, die sich in ihren Lauten und Formen wie einheimische Wörter weiterentwickelt haben. Fremdwörter dagegen erkennt man meist daran, dass sie sich nicht vollständig an das Deutsche angepasst haben, sondern in Schreibung, Betonung und Aussprache von deutschen Wörtern abweichen.

Fremdwörter aus dem Lateinischen

Sie (↑ S. 72) stammen häufig aus den Bereichen Wissenschaft, Kunst und Militärwesen:

Kollision · Konstruktion · Demonstrant · Quartal · sozial · Lokal · kolossal · Fakultät · Qualität · Universität · Exitus · Publikum · Linoleum · Petroleum · Doktor · Professor · Villa · November · Vase · Violine · Vulkan · Nervosität · Veilchen · Nerven · Diktat · Musik · Fabrik · Insekt · Lektüre · perfekt · Doktor · Akkusativ · Akklamation

Fremdwörter aus dem Griechischen

Sie (↑ S. 73) stammen häufig aus den Bereichen Wissenschaft und Kultur:

Alphabet · Pharmazie · Prophet · Rheuma · Rhombus · Rhythmus · Rhapsodie · Theke · Theater · Methode · Thema · Apotheke · Pyramide · System · Sympathie

Fremdwörter aus dem Französischen

Sie (↑ S. 72) stammen häufig aus den Bereichen Mode, Kultur und Gastronomie:

Ragout · Omelette · Biskuit · Fondue · Bouillon · Restaurant · Souvenir · Tourist · Cousine · Palais · Terrain · Saison · Medaille · Monteur · Etage · Spionage

Fremdwörter aus dem Englischen

Sie (↑ S. 72) stammen oft aus den Bereichen Sport, Jugend, Gesellschaft und Technik:

Match · Handicap · Badminton · Fan · Teenager · Spleen · Jeep · Gangster · Safe · Baby · Playboy · Lunch · Trenchcoat · Sandwich · Hobby · Story · Party · Chat· Lobby · Tuning

Aufgepasst: Wörter, die im Englischen auf *-y* enden, bilden im Deutschen den Plural auf *-ys: Partys · Hobbys · Babys*

Fremdwörter aus dem Italienischen

Sie stammen häufig aus den Bereichen Musik, Handel und Kunst:

Klarinette · brutto · netto · Rabatt · Pizza · Skizze · Intermezzo · Risiko · Fresko · bravo · Giro · Konto · Solo · Cello

Fremdwörter aus anderen Teilen der Welt

- Aus dem **Arabischen:**

Admiral · Albatros · Algebra · Alkohol · Beduine · Benzin · Elixier · Haschisch · Islam · Karaffe · Minarett · Safran · Scheich · Sirup · Sofa · Tarif · Ziffer · Zenit

Häufig bezeichnen die Fremdwörter Dinge, die aus einer anderen Kultur Eingang in unseren Alltag gefunden haben:

- Aus dem **Japanischen:**

Bonsai (Zwergbaum) · Ikebana (Blumensteckkunst)

- Aus dem **Chinesischen:**

der Wok (besonderer Kochtopf) · der Kotau (Kniefall)

- Aus dem **Indischen:**

der Dschungel · der Ingwer · der Bungalow

- Aus den **australischen Sprachen:**

der Bumerang · das Känguru · der Koala

8 Worttrennung

Trennung von einfachen Wörtern

Grundsätzlich gilt:	
Für die Trennung von Wörtern am Zeilenende gibt es zwei Grundregeln, die du dir ganz einfach merken kannst:	
■ **Einfache Wörter** werden nach Sprechsilben getrennt.	le-sen · Freun-de · wei-ter
■ **Zusammengesetzte Wörter** (↑S. 79) werden nach ihren Bestandteilen getrennt.	Schnee-pflug · Tür-schloss
Einsilbige Wörter kann man nicht trennen.	Hahn · Schnee · Hund
Mehrsilbige einfache Wörter trennt man nach **Sprechsilben** – also so, wie sie sich beim langsamen Vorlesen in einzelne Silben zerlegen lassen.	Bal-kon · Ho-tel · Pla-net · Re-gel
Ein **einzelner Vokal am Wortanfang** wird nicht abgetrennt.	Ader · Igel · Uhu · übel
Einen **einzelnen Vokal am Wortende** trennt man ebenfalls nicht ab.	die Boa · das Deo

Steht ein **einzelner Konsonant zwischen zwei Vokalen,** so kommt er in die nächste Zeile.	sa-**g**en · der Kri-**m**i · die Fra-**g**e · glau-**b**en
Folgen **mehrere Konsonanten** aufeinander, dann trennt man in der Regel nur den letzten ab.	die Kno**s-p**en · der Stä**d-t**er · fü**l-l**en · en**g-l**isch · Ho**ff-n**ung · wa**ch-s**en · er zu**ck-t**e der Hu**s-t**en · der Ka**s-t**en · die Ka**t-z**e
Stehen die Buchstabenverbindungen *ch, sch, ph, rh* und *th* oder ein *ß* für einen **einzelnen Laut,** so trennt man sie nicht.	Bü-**ch**er · Fä-**ch**er · Ta-**sch**e · Phos-**ph**or · Myr-**rh**e · Zi-**th**er · Ma-**th**e · Grü-**ß**e
Das Gleiche gilt für *ck.* So wie *ch* kommt auch *ck* zusammen auf die neue Zeile.	der Dru-**ck**er · der Zu-**ck**er · ste-**ck**en
Trennung von *ss:* Steht *ss* als Ersatz für *ß* (z. B. bei Großbuchstaben), dann wird zwischen den beiden *s* getrennt.	GRÜ**S-S**E (statt Grü-ße) · HEI**S-S**EN (statt hei-ßen)
Die **Diphthonge *ai, au, äu, ei, eu*** und ***oi*** werden nicht getrennt.	K**ai**-ser · Tr**au**-ung · st**au**-ben · R**äu**-ber · H**äu**-ser · **ei**-nig · **Eu**-le · Br**oi**-ler · Sp**oi**-ler

8

Beginnt eine Nachsilbe mit einem Vokal, so „nimmt“ sie bei der Trennung den vorhergehenden Konsonanten mit in die nächste Zeile.	die Stürme-**rin** · die Metzge-**rei** · die Räube-**rei** · die Einla-**dung** · die Gestal-**tung** ·

Trennung von Fremdwörtern

Grundsätzlich gilt:

Fremdwörter können entweder nach den Regeln der Herkunftssprache oder nach den deutschen Regeln getrennt werden.	Pub-li-kum *oder* Pu-bli-kum · Dip-lom *oder* Di-plom · Mag-net *oder* Ma-gnet · Zyk-lus *oder* Zy-klus · Päd-ago-ge *oder* Pä-da-go-ge
Die Konsonantenverbindungen ***ph, rh*** und ***th*** werden in Fremdwörtern nicht getrennt.	Stro-**ph**e · ka-**th**o-lisch · Myr-**rh**e
In Wörtern aus dem Französischen bleibt die Buchstabenkombination *oi* besser ungetrennt.	P**oi**n-te · Me-m**oi**-ren · S**oi**-ree
Fremdwörter, die aus zwei Wörtern oder einer Vorsilbe und einem Fremdwort zusammengesetzt sind, werden nach ihren Bestandteilen getrennt.	Game-show · Joint-venture · Week-end · Milk-shake

Trennung zusammengesetzter Wörter

BESONDERS KNIFFLIG

Zusammengesetzte Wörter und Wörter mit Vorsilben werden nach ihren Bestandteilen getrennt:

der Stadt-staat · der Kahl-schlag · brand-neu · be-stimmt

Aufgepasst: Achte auf die **Trennung von *st!*** Diese Konsonantenverbindung tritt häufig in der Wortfuge (dort, wo in Zusammensetzungen die einzelnen Wörter aufeinandertreffen) auf. Die Trennung richtet sich immer nach den ursprünglichen Wörtern:

die Buch-stütze · der Diens-tag

Die einzelnen **Bestandteile von zusammengesetzten Wörtern** trennt man wie einfache Wörter:

Kon-zert-di-rek-tor · be-rich-ten · Bio-ton-ne · Des-il-lu-si-on · Schwimm-meis-ter · Vi-deo-clip

Wird ein **Wort nicht mehr als Zusammensetzung erkannt oder empfunden,** so ist auch die Trennung nach Sprechsilben richtig:

wa-rum *oder* war-um · in-te-res-sant *oder* in-ter-es-sant · ei-nan-der *oder* ein-an-der · Pä-da-go-gik *oder* Päd-ago-gik

Trennungen, die zwar den Regeln entsprechen, aber **beim Lesen stören oder den Wortsinn entstellen,** solltest du vermeiden.
Die Trennhilfe im Textverarbeitungsprogramm deines PC vermeidet solche oftmals irreführenden Trennungen nicht:

be-inhalten *statt* bein-halten · Spar-gelder *statt* Spargel-der · Ur-insekt *statt* Urin-sekt

9 Zeichensetzung

Satzschlusszeichen

Das Ende eines Satzes wird durch ein Satzschlusszeichen kenntlich gemacht. Mithilfe von **Punkt, Frage- oder Ausrufezeichen** wird jeder Text übersichtlicher und leichter lesbar.

Punkt

Am **Ende eines abgeschlossenen und vollständigen Satzes,** der aus mindestens einem Subjekt und einem Prädikat bestehen muss, steht ein Punkt. Der folgende Satz beginnt wieder mit einem Großbuchstaben.
Aufgepasst: Nach einer Überschrift steht kein Punkt.

Sie lernt**.** · Es wird Frühling**.** · Wir freuen uns auf euren Besuch**.**

Neue Erkenntnisse
Untersuchungen haben ergeben …

Ausrufezeichen

Ausrufe, Aufforderungen, Befehle und **Anreden** werden mit einem Ausrufezeichen abgeschlossen.

Tor**!** Tor**!** · Verlassen Sie sofort das Spielfeld**!** · Liebe Kolleginnen und Kollegen**!**

Auch **besonders wichtige Aussagen** können durch den Gebrauch eines Ausrufezeichens hervorgehoben werden.

Der Bräutigam am Hochzeitstag: „Ich bin der glücklichste Mann der Welt**!**“ · Welch ein Glück**!**

Fragezeichen

Es gibt **Fragen,** die **mit einem Fragewort** *(wer? wie? was? wo? weshalb? warum?* usw.) beginnen, und sogenannte **Satzfragen,** die sich durch ihre Wortstellung von einem Aussagesatz unterscheiden.
Bei einer Satzfrage steht die Personalform (die konjugierte Form) des Verbs an erster Stelle.
Beide Arten von Fragen werden mit einem Fragezeichen abgeschlossen.

Wo lebst du**?** · **Was** machst du da**?** · **Warum** gehst du schon**?**

Siehst du den Regenbogen nicht**?** · **Wohnst** du noch dort**?**

Weitere Satzzeichen

Um Texte zu strukturieren, gibt es neben Punkt, Frage- und Ausrufezeichen noch das Semikolon, den Doppelpunkt, Anführungszeichen, den Gedankenstrich, den Apostroph, Klammern und natürlich das Komma (Kommaregeln ↑ S. 84 ff.).

Semikolon

Das Semikolon (Strichpunkt) trennt zwei Teilsätze stärker voneinander als ein Komma, ist aber schwächer als ein Punkt.

In der Schule war niemand**;** da war kein Schüler und auch kein Lehrer.

Doppelpunkt

Ein Doppelpunkt kündigt an, dass auf einen Satz noch etwas folgt, z.B. eine direkte Rede, eine Zusammenfassung, eine Folgerung usw.

Die Tante fragt**:** „Was wünschst du dir zum Geburtstag?“ · Diagnose**:** Lungenentzündung

Anführungszeichen

Anführungszeichen stehen vor und hinter **wörtlich wiedergegebenen Äußerungen und Gedanken** (direkte Rede).
Auch wörtlich wiedergegebene **Zitate** werden in Anführungszeichen gesetzt.

Sie sagte: **„**Hier gefällt es mir.**“**

„Aller guten Dinge sind drei**“**, heißt es.

Gedankenstrich

Ein **einfacher Gedankenstrich** kündigt etwas Folgendes, oft etwas Unerwartetes an.
Ein Gedankenstrich zwischen Sätzen zeigt häufig den Wechsel des Themas oder Sprechers an.

Hier hilft nur noch eins – sofort operieren!

„Mein Sohn, was ist passiert?“ – „Ach, Vater …“

Mit **paarigen (doppelten) Gedankenstrichen** kann man Zusätze oder Nachträge deutlich vom übrigen Text abgrenzen.

Dieses Bild – es ist das bekannteste der Düsseldorfer Künstlerin – wurde vor einigen Jahren verkauft.

Apostroph

Der Apostroph zeigt an, dass in einem Wort ein oder mehrere Buchstaben ausgelassen worden sind. Bei der schriftlichen Wiedergabe von gesprochener Sprache kann ein Apostroph dort gesetzt werden, wo es im Mündlichen zu Auslassungen kommt.

’s ist schon spät. · Bist du’s, mein Schatz?

So ’n Blödsinn! · Da fährt sich’s schlecht.

Klammern

Mit Klammern kann man **Zusätze und Nachträge** deutlich vom übrigen Text abgrenzen. Das gilt auch für längere Abschnitte.
Aufgepasst: Satzzeichen, die zum eingeklammerten Text gehören, stehen vor der schließenden Klammer. Werden **ganze Sätze** eingeklammert, dann stehen auch die Satzzeichen in der Klammer.

Frankfurt (Main) · Den Antrag sollten Sie vollständig ausgefüllt (bitte deutlich schreiben!) zurücksenden. · Als Hauptwerk Grünewalds gelten die Gemälde des Isenheimer Altars. (Der genaue Zeitpunkt ihrer Vollendung ist umstritten.)

Regeln zur Kommasetzung

Grundsätzlich gilt:

Das Komma trennt Wörter, Wortgruppen oder Teilsätze voneinander oder vom übrigen Text des Satzes ab.

Komma zwischen Hauptsätzen

Zwei **gleichwertige Hauptsätze** trennt man durch Komma voneinander.

Morgens regnete es**,** gegen Mittag kam dann die Sonne hervor.

Aufgepasst: Wenn die Sätze durch *und, oder, beziehungsweise, entweder ... oder, nicht ... noch, weder ... noch* verbunden sind, kannst du ein Komma setzen, um die Gliederung des Satzes deutlich zu machen.

Morgens regnete es[**,**] und gegen Mittag kam dann die Sonne hervor.

Komma zwischen Haupt- und Nebensatz

Ein Nebensatz wird durch ein Komma vom Hauptsatz abgetrennt. Um Haupt- und Nebensätze zu unterscheiden, musst du Folgendes wissen:

- Hauptsätze können allein stehen.
- Nebensätze können nicht allein stehen.

Mein Magen knurrt, weil ich Hunger habe. · Wenn ich Lust habe, gehe ich ins Kino.

Hauptsatz und Nebensatz werden durch **Konjunktionen** miteinander verbunden. Einen Nebensatz erkennst du auch daran, dass die konjugierte Form des Verbs am Ende steht.

Sie mag Mathe, **obwohl** sie immer wieder schlechte Noten schreibt.

Werden **gleichrangige Wörter und Wortgruppen** durch eine der folgenden Konjunktionen verbunden, so setzt man generell kein Komma: *und, oder, beziehungsweise/respektive, entweder ... oder, nicht ... noch, sowie, sowohl ... als auch, weder ... noch, wie.*

Sie wird schon wissen, wem sie vertrauen kann_ und wem sie besser nichts erzählt. · Er stand auf_und ging. · Anna liest ein Buch_und Felix eine Zeitschrift.

Bei allen anderen Konjunktionen, die nicht oben genannt sind, gilt die Grundregel, dass zwischen gleichrangigen Wörtern und Wortgruppen ein Komma steht.

Wir waren arm**,** aber gesund. · Das war kein Pkw**,** sondern ein Lastwagen.

Komma in Nebensätzen

Das Komma trennt auch mehrere **gleichrangige Nebensätze** voneinander.

Wenn das wahr ist**, wenn** du ihn wirklich nicht gesehen hast, dann musst du dir keine Vorwürfe machen.

9

Komma bei Partizipgruppen

Partizipgruppen können durch Komma abgetrennt werden, um die Gliederung des Satzes deutlich zu machen.

Das ist[,] **grob gerechnet**[,] die Hälfte. · Er fiel[,] **von einer Kugel getroffen**[,] vom Pferd.

Partizipgruppen werden mit Komma abgetrennt, wenn sie mit einem hinweisenden Wort angekündigt oder als nachgestellter Zusatz anzusehen sind.

Genau **so,** mit viel Salami belegt**,** hat er die Pizza am liebsten. · Er**, tödlich getroffen,** fiel vom Pferd.

Komma bei Infinitivgruppen

Eine Infinitivgruppe musst du durch Komma abtrennen,

- wenn sie mit *um, ohne, [an]statt, außer* oder *als* eingeleitet wird,

  Sie musste sich beherrschen**, um** nicht laut zu lachen.

- wenn sie von einem Substantiv abhängt,

  Er hatte keine **Lust,** Mathe zu lernen.

- wenn sie mit einem hinweisenden Wort angekündigt wird.

  Ihr Plan ist **es,** nächstes Jahr nach Japan zu reisen.

Wenn im Satz der bloße Infinitiv mit *zu* missverständlich ist, setzt du besser ein Komma.

Wir empfehlen[,] ihm zu folgen. *Oder:* Wir empfehlen ihm[,] zu folgen.

Komma in Aufzählungen

Das Komma trennt die einzelnen Glieder einer Aufzählung voneinander.

Tick**,** Trick und Track sind die Neffen von Donald Duck.

Aufgepasst: Kein Komma steht, wenn die Glieder einer Aufzählung mit ***und, oder, sowie*** verbunden sind.

Sie wirkte ruhig, gelassen, entspannt **und** fröhlich.

Komma bei Zusätzen und Erläuterungen

Das Komma trennt nachgestellte Erklärungen vom Hauptsatz ab. Sie werden häufig durch bestimmte Wörter eingeleitet:
und zwar, vor allem, nämlich, zum Beispiel, z. B., insbesondere u. a.

Sie liest viel**,** vor allem Krimis.

Eingeschobene Zusätze werden von Kommas eingeschlossen.

Beim nächsten Treffen**, also am Donnerstag,** …

Komma bei Apposition

Das Komma trennt eine nachgestellte Apposition (Beisatz) vom Hauptsatz ab; eingeschobene Appositionen werden von Kommas eingeschlossen.

Das ist Michael, mein Bruder.
Beate, unsere Klassensprecherin, beschwert sich beim Lehrer.

Aufgepasst: Wenn der Beisatz Teil des Namens ist, steht kein Komma (↑ S. 33).

Heinrich der Löwe wurde …

Weitere Kommasetzungen

Satzteile, auf die ein Wort besonders hinweist und die auf diese Weise hervorgehoben werden, grenzt man ebenfalls durch Komma vom übrigen Satz ab.

Deine Mutter**, die** habe ich gut gekannt. · Nur **er,** der Kommissar selbst, konnte der Täter gewesen sein.

Anrede und Ausruf werden durch ein Komma vom Satz getrennt. Das gilt auch für die briefliche Anrede.

Mutti, dein Kuchen schmeckt lecker! · **He,** lass mich endlich in Ruhe! · **Hallo, liebe Doro,** wie geht es Dir?

Direkte Rede:
Folgt auf eine wörtliche Rede ein Nachsatz, dann musst du ein Komma setzen.
Aufgepasst: Vergiss nicht, die direkte Rede in Anführungszeichen zu setzen.

„Ich gehe heim**“,** sagte er. · **„**Warum bleibst du nicht?**“,** fragte sie.

Indirekte Rede:
Die indirekte Rede wird durch Komma vom Hauptsatz abgetrennt.
Aufgepasst: Die indirekte Rede steht im Konjunktiv, du kannst sie also leicht erkennen.

Er **habe** nicht abgeschrieben**,** beteuerte Nico. · Ich fragte mich**,** ob das die beste Lösung **sei**. · Der Lehrer sagt**,** er **sei** heute gut gelaunt.

Komma bei Datum und Adresse

Mehrteilige Datums- und Zeitangaben gliedert man durch Kommas.

Die Sitzung findet am Freitag**, den 25. Juli, um 14 Uhr**[,] im großen Besprechungszimmer statt.

Mehrteilige Wohnungsangaben werden ebenfalls durch Kommas gegliedert.

Frau Schmitt ist von Bonn**, Königstraße 20**[**,**] nach Mannheim**, Eberbacher Platz 14**[,] umgezogen.

Komma bei Literaturangaben

Mehrteilige Literaturangaben gliedert man durch Kommas.

Ich zitiere aus dem Brockhaus**, 20. Auflage, Band 14**.

Bei Datums-, Wohnungs- und Literaturangaben kann das schließende Komma vor der Weiterführung des Satzes entfallen, da man solche Angaben als Aufzählungen oder als Fügungen mit Beisatz auffassen kann.

Der Artikel ist im „Spiegel“, Heft 48, 1997, S. 25[**,**] erschienen.

Aufgepasst: Bei Hinweisen auf Gesetze, Verordnungen usw. setzt man jedoch kein Komma.

Wir beziehen uns auf § 326 Abs. 2 Satz 2 des Bundesgesetzbuchs.

zwischen gleichrangigen Hauptsätzen

Morgens regnete es, gegen Mittag kam dann die Sonne hervor.

zwischen Haupt- und Nebensatz

Mein Magen knurrt, weil ich Hunger habe.

bei Aufzählungen

Feuer, Wasser, Erde, Luft

bei Zusätzen und Erläuterungen

Es gibt vier Jahreszeiten, nämlich Frühling, Sommer, Herbst und Winter.
Bei unserer nächsten Konferenz, also am Donnerstag, werden wir die Zeugnisnoten diskutieren.

bei Appositionen

Das ist Sophie, meine Schwester.
Edda, ihre Mutter, ist eine leidenschaftliche Köchin.

Das Komma muss stehen:

bei Infinitiven mit *um, ohne, [an]statt, außer, als* sowie mit hinweisendem Wort oder nach Substantiv

Sie ging ins Haus, um zu telefonieren.
Dieser Gedanke, einfach alles aufzugeben, ließ ihn nicht mehr los.

bei Hervorhebungen, Anreden und Ausrufen

Ach, Marion, war das ein Tag!

bei direkter Rede

„Es ist schon spät“, stellte die Mutter fest. „Ins Bett mit euch, Kinder!“

bei indirekter Rede

Sie habe viel gelernt, sagte Lisa.

bei Datums-, Orts- und Wohnungsangaben

Mannheim, den 25. April ·
Sie wohnt in Berlin, Kurfürstenstraße 45, Stadtteil Mitte.

Fachausdruck	Erklärung	Beispiel
Ableitung	Bildung eines Wortes durch Veränderung der Laute	er gibt → geben
Adjektiv	Wiewort, Eigenschaftswort	groß
Adverb	Umstandswort	dort, bald
Akkusativ	4. Fall (wen oder was?)	das Kind
Anlaut	Laut zu Beginn eines Wortes	**V**ogel
Anredepronomen	Anredefürwort	du, Sie
Apposition	Erweiterung eines Substantivs durch ein Substantiv im gleichen Fall	Peter, **unser Klassensprecher,** ist krank.
Artikel	Begleiter, Geschlechtswort	der, die, das; ein, eine, ein
Auslaut	Laut am Ende eines Wortes	bra**v**
Dativ	3. Fall (wem?)	dem Kind
Deklination, deklinieren	Beugung des Substantivs	der Duden, des Dudens
Demonstrativpronomen	hinweisendes Fürwort	dieser, jener, der, die, das
Diphthong	Doppellaut, Zwielaut	ei, au
Genitiv	2. Fall (wessen?)	des Buches
Homophone	gleich klingende Wörter, die verschieden geschrieben werden	Buch**seite** – Gitarren**saite**
Imperativ	Befehlsform	lies!
Imperfekt	Vergangenheit	ich lernte
Infinitiv	Grundform	lernen
Inlaut	Laut im Inneren eines Wortes	ner**v**ös
Interjektion	Ausrufewort; drückt Empfindungen aus, dient als Anruf, ahmt Laute nach	ach!, oh!, heda!, platsch!

Fachausdruck	Erklärung	Beispiel
Kasus	Fall	2. Fall: des Kindes
Komparativ	1. Steigerungsstufe	schöner
Kompositum, Komposita	zusammengesetztes Wort	Fuß + Ball = Fußball
Konjugation, konjugieren	Beugung des Verbs	ich lese, du liest usw.
Konjunktion	Bindewort	und, dass
Konsonant	Mitlaut	b, d, f usw.
Nominativ	1. Fall (wer oder was?)	das Kind
Numerale	Zahlwort, Zahladjektiv	eins, viele, manche
Numerus	Zahl (Singular/Plural)	Plural von Kuh: Kühe
Partizip	Mittelwort	lachend, gelacht
Plural	Mehrzahl	die Bücher
Possessiv-pronomen	besitzanzeigendes Fürwort	mein, dein
Präfix	Vorsilbe	**Miss**geschick
Präposition	Verhältniswort	in, an, hinter
Pronomen	Fürwort	ich, mein, dieser
Reflexiv-pronomen	rückbezügliches Fürwort	mich, dich, sich
Relativpronomen	bezügliches Fürwort	der, die, das; welcher, welche, welches
Singular	Einzahl	das Buch
Substantiv	Nomen, Dingwort, Hauptwort, Namenwort	die Schülerin
Suffix	Nachsilbe	fröh**lich**
Superlativ	2. Steigerungsstufe, Höchst- oder Meiststufe	schönste
Tempus	Zeitformen	(bringen) brachte
Umlaut	Aufhellung von Vokalen	ä, ö, ü
Verb	Tätigkeitswort, Tunwort, Zeitwort	lernen
Verhältniswort	stellt eine Beziehung zwischen Ausdrücken her	Ich liege **auf** dem Sofa.
Vokal	Selbstlaut	a, e, i, o, u

Testfragen

Hier kannst du testen, wie gut du die Rechtschreibung und Zeichensetzung beherrschst. Zu jeder Frage gibt es genau *eine* richtige Antwort. Wenn du unsicher bist und mehr wissen möchtest, zeigen dir die Seitenverweise am Rand, wo du ausführliche Informationen findest. Die Lösungen stehen auf Seite 109.

Schwierigkeitsgrad: einfach

↑ S. 4

1 Wie lautet der Merksatz richtig? Nach *l, m, n, r,* das merke ja, folgt ...

- ☐ a) nie *f* und nie *ph*.
- ☐ b) nie *nd* und nie *sch*.
- ☐ c) nie *tz* und nie *ck*.

↑ S. 10

2 Die meisten Wörter mit *ä* wie beispielsweise *Särge* lassen sich ...

- ☐ a) von einem Wort mit *e* ableiten.
- ☐ b) nicht ableiten.
- ☐ c) von einem Wort mit *a* ableiten.

↑ S. 32

3 Wörter mit den Suffixen (Nachsilben) *-ung, -heit, -nis, -schaft, -tum, -ling* oder *-sal* ...

- ☐ a) sind Substantive und werden großgeschrieben.
- ☐ b) sind Substantive und werden kleingeschrieben.
- ☐ c) sind Verben und werden großgeschrieben.

↑ S. 29

4 Das Wort *das* schreibt man immer mit *s,* wenn man stattdessen ...

- ☐ a) *ein, welches* oder *dieses* einsetzen kann.
- ☐ b) kein anderes Wort einsetzen kann.
- ☐ c) eine Konjunktion einsetzen kann.

5 Grundsätzlich gilt: Die meisten *f*-Laute werden ... ↑ S. 19

☐ a) mit *f* geschrieben.
☐ b) mit *ph* geschrieben.
☐ c) mit *v* geschrieben.

6 Wann werden Verben großgeschrieben? ↑ S. 33

☐ a) Immer.
☐ b) Nie.
☐ c) Wenn sie als Substantiv gebraucht werden.

7 Den *s*-Laut nach kurzem Vokal schreibt man fast immer ... ↑ S. 26

☐ a) *ss*.
☐ b) *s*.
☐ c) *ß*.

8 Das Wort *dass* ist ... ↑ S. 28

☐ a) ein Artikel.
☐ b) ein Pronomen.
☐ c) eine Konjunktion.

9 Wie ist es richtig? ↑ S. 14

☐ a) Ballettänzer.
☐ b) Balletttänzer.
☐ c) Balettänzer.

10 Wie ist der Satz richtig geschrieben? ↑ S. 29

☐ a) Sie weiß, das sie ein Problem hat.
☐ b) Sie weiß, dass sie ein Problem hat.
☐ c) Sie weiß dass sie ein Problem hat.

11 Wie schreibt man das erste Wort eines selbstständigen Satzes nach einem Doppelpunkt? ↑ S. 32

☐ a) Groß.
☐ b) Klein.
☐ c) Manchmal groß und manchmal klein.

↑ S. 5

12 Um die Länge eines Vokals anzuzeigen, wird er manchmal verdoppelt. Das gilt ...

- ☐ a) für alle Vokale.
- ☐ b) für die Vokale *a, e* und *o.*
- ☐ c) für die Vokale *i* und *u.*

↑ S. 8

13 Wie ist es richtig geschrieben?

- ☐ a) Das Haus ist uhralt.
- ☐ b) Das Haus ist uralt.
- ☐ c) Das Haus ist uuralt.

↑ S. 15

14 Was wird aus der Nachsilbe *-nis* im Plural?

- ☐ a) Sie wird immer zu *-nisse.*
- ☐ b) Sie wird immer zu *-nise.*
- ☐ c) Beides ist möglich.

↑ S. 18

15 Wie ist die Schreibung der *d-* und *t*-Laute richtig?

- ☐ a) Die Wand ist bund gestrichen.
- ☐ b) Die Wand ist bunt gestrichen.
- ☐ c) Die Want ist bunt gestrichen.

↑ S. 21

16 Welche Schreibmöglichkeiten gibt es für den *x*-Laut am Wortanfang (Anlaut)?

- ☐ a) Nur *x.*
- ☐ b) Die drei Möglichkeiten *x, chs* und *ks.*
- ☐ c) Alle *x*-Laute: *x, chs, ks, gs* und *cks.*

↑ S. 26

17 Wie ist es richtig?

- ☐ a) der Kürbis – die Kürbise
- ☐ b) der Kürbis – die Kürbisse
- ☐ c) der Kürbis – die Kürbiße

↑ S. 27

18 Wie ist die Schreibung des *s*-Lauts bei dem verwandten Wort richtig?

- ☐ a) der Genuss – er geniesst
- ☐ b) der Genuss – er geniest
- ☐ c) der Genuss – er genießt

19 Das Wort *das* ist ... ↑ S. 28

☐ a) ein Artikel.
☐ b) eine Konjunktion.
☐ c) ein Bindewort.

20 In welchem Satz sind alle Satzzeichen richtig gesetzt? ↑ S. 82

☐ a) Die Tante fragt: „Was wünschst du dir?“
☐ b) Die Tante fragt: „Was wünschst du dir“?
☐ c) Die Tante fragt, „Was wünschst du dir.“

21 Endet ein Wort mit dem gleichen Konsonanten wie der Beginn des folgenden Wortes, ... ↑ S. 14

☐ a) stehen beide Konsonanten: Nebenniere
☐ b) steht der Konsonant nur einmal: Nebeniere.

22 Woran kann man Substantive erkennen? ↑ S. 32

☐ a) Man kann sie mit *wie?* erfragen.
☐ b) Sie haben meist einen Artikel bei sich.
☐ c) Sie folgen immer auf Mengenangaben.

23 Welche Schreibweise ist richtig? ↑ S. 19

☐ a) Philosofie.
☐ b) Filosofie.
☐ c) Philosophie.

24 Groß- oder Kleinschreibung: Wie ist der Satz richtig geschrieben? ↑ S. 33

☐ a) Das Lesen von Comics macht Spaß.
☐ b) Das lesen von Comics macht Spaß.
☐ c) Das Lesen von comics macht Spaß.

25 Wie schreibt man die höfliche Anrede und das rückbezügliche *sich?* ↑ S. 41

☐ a) Haben Sie Sich verletzt?
☐ b) Haben sie sich verletzt?
☐ c) Haben Sie sich verletzt?

↑ S. 35

26 Welche Schreibweise des Adjektivs in diesem mehrteiligen Eigennamen ist richtig?
- ☐ a) Der Schiefe Turm von Pisa.
- ☐ b) Der schiefe Turm von Pisa.
- ☐ c) Beides ist möglich.

↑ S. 41

27 Wie schreibt man die Höflichkeitsanrede *Sie* und das entsprechende Possessivpronomen *Ihr* richtig?
- ☐ a) Bitte geben Sie mir ihre Jacke.
- ☐ b) Bitte geben Sie mir Ihre Jacke.
- ☐ c) Bitte geben sie mir Ihre Jacke.

↑ S. 33

28 Wörter, die als Substantive gebraucht werden, egal zu welcher Wortart sie ursprünglich gehören, ...
- ☐ a) nennt man Nominativ.
- ☐ b) nennt man Nominierungen.
- ☐ c) nennt man Substantivierungen oder Nominalisierungen.

↑ S. 45

29 Wie schreibt man die Grundzahlen von 0 bis 999999 grundsätzlich?
- ☐ a) Klein: um sieben.
- ☐ b) Groß: um Sieben.
- ☐ c) Beides ist möglich.

↑ S. 80

30 Was steht am Ende von Ausrufen, Aufforderungen, Befehlen und Anreden?
- ☐ a) Ein Ausrufezeichen.
- ☐ b) Ein Punkt.
- ☐ c) Ein Fragezeichen.

↑ S. 87

31 In welchem der folgenden Sätze ist die Kommasetzung richtig?
- ☐ a) Sie wirkte ruhig, gelassen, und fröhlich.
- ☐ b) Sie wirkte ruhig, gelassen und fröhlich.
- ☐ c) Sie wirkte ruhig, gelassen, und, fröhlich.

32 Was wird immer großgeschrieben? ↑ S. 32

☐ a) Verben.
☐ b) Substantive.
☐ c) Adjektive.

33 Wie lautet der Satz in vollständiger Form? Der Bindestrich ... ↑ S. 66

☐ a) kennzeichnet eine Pause im Satz.
☐ b) verdeutlicht ein Innehalten im Satz.
☐ c) verbindet zwei Wörter miteinander.

Schwierigkeitsgrad: mittel

34 Wörter, die gleich klingen, aber unterschiedlich geschrieben werden, nennt man ... ↑ S. 12

☐ a) Lehnwörter.
☐ b) Homofone.
☐ c) Wortfamilie.

35 In Fremdwörtern schreibt man den *f*-Laut ... ↑ S. 19

☐ a) immer mit *f*.
☐ b) immer mit *v*.
☐ c) häufig mit *ph*.

36 Wie ist es richtig: *tot* oder *tod?* ↑ S. 24

☐ a) Er ist totkrank.
☐ b) Er ist todkrank.
☐ c) Er ist Tod krank.

37 Das lang gesprochene *i* wird ... ↑ S. 6

☐ a) immer durch *ie* wiedergegeben.
☐ b) nie durch *ie* wiedergegeben.
☐ c) meistens durch *ie* wiedergegeben.

38 Welche Schreibung der langen *i*-Laute ist richtig? ↑ S. 9

☐ a) Die Maschiene benötigt Benzin.
☐ b) Die Maschine benötigt Benzihn.
☐ c) Die Maschine benötigt Benzin.

↑ S. 7
39 Wie ist es richtig: *wieder* oder *wider*, getrennt oder zusammen?

☐ a) Ich kann dir das Geld nicht wiedergeben.
☐ b) Ich kann dir das Geld nicht wieder geben.
☐ c) Ich kann dir das Geld nicht widergeben.

↑ S. 22
40 Die Wörter *seid* und *seit* klingen ähnlich. Wie lautet die Regel richtig? Das Wort *seid* ...

☐ a) ist eine Zeitangabe.
☐ b) ist die flektierte Form des Hilfsverbs *sein*.

↑ S. 39
41 Groß oder klein: Wie schreibt man die Farbbezeichnung?

☐ a) Bei grün losfahren.
☐ b) Bei Grün losfahren.
☐ c) Beides ist möglich.

↑ S. 23
42 Wortzusammensetzungen mit *Statt* wie *Werkstatt* oder *Ruhestätte* haben die Bedeutung von ...

☐ a) Stelle, Platz.
☐ b) größerer Ort.
☐ c) Siedlung.

↑ S. 34
43 Adjektive, die auf unbestimmte Mengenangaben wie *allerlei, etwas, viel* folgen, ...

☐ a) schreibt man klein: allerlei gutes.
☐ b) schreibt man groß: allerlei Gutes.
☐ c) kann man groß- oder kleinschreiben.

↑ S. 37
44 Die Zahladjektive *viel, wenig, einige, andere* werden ...

☐ a) in der Regel kleingeschrieben.
☐ b) in der Regel großgeschrieben.
☐ c) nie kleingeschrieben.

↑ S. 40
45 Wie schreibt man das Wort auf *-isch:* groß oder klein?

☐ a) Die chinesische Seide.
☐ b) Die Chinesische Seide.
☐ c) Beides ist möglich.

46 Welche Schreibung der Tageszeit ist richtig? ↑S. 38

☐ a) Wir sehen uns Heute Abend.
☐ b) Wir sehen uns heute abend.
☐ c) Wir sehen uns heute Abend.

47 Zusammengesetzte Wörter mit *Stadt* und *Statt:* Wie ist es richtig? ↑S. 23

☐ a) Der Stadtrat tagt in der Gaststädte.
☐ b) Der Stattrat tagt in der Gaststätte.
☐ c) Der Stadtrat tagt in der Gaststätte.

48 Von geografischen Eigennamen abgeleitete Wörter auf *-er* schreibt man ... ↑S. 40

☐ a) klein: die schweizer Industrie.
☐ b) groß oder klein: die s/Schweizer Industrie.
☐ c) groß: die Schweizer Industrie.

49 Welche Schreibung der Bruchzahl stimmt? ↑S. 37

☐ a) Ein viertel des Kuchens.
☐ b) Ein Viertel des Kuchens.
☐ c) Beides ist möglich.

50 Wie werden die Pronomen *manche, jene, jede, beide* in allen Flexionsformen geschrieben? ↑S. 45

☐ a) Klein.
☐ b) Groß.
☐ c) Manchmal groß und manchmal klein.

51 Das Verb *kennenlernen* darf man ... ↑S. 53

☐ a) nur zusammenschreiben.
☐ b) nur getrennt schreiben.
☐ c) zusammen- oder getrennt schreiben.

52 Welche Schreibung der Zahl ist richtig? ↑S. 45

☐ a) Der Zeiger nähert sich der elf.
☐ b) Der Zeiger nähert sich der Elf.
☐ c) Beides ist möglich.

↑S. 85
53 In welchem der folgenden Sätze ist die Kommasetzung richtig?
☐ a) Wir waren arm aber gesund.
☐ b) Wir waren arm aber, gesund.
☐ c) Wir waren arm, aber gesund.

↑S. 54
54 Getrennt oder zusammen: Welche Schreibung ist richtig?
☐ a) Der Schlüssel darf nicht verlorengehen.
☐ b) Der Schlüssel darf nicht verloren gehen.
☐ c) Beides ist möglich.

↑S. 57
55 Getrennt- oder Zusammenschreibung: Wie ist es richtig?
☐ a) Es ist bitterkalt.
☐ b) Es ist bitter kalt.
☐ c) Beides ist möglich.

↑S. 62
56 Als Wörter geschriebene Zahlen schreibt man zusammen, wenn sie ...
☐ a) kleiner als eine Million sind.
☐ b) größer als eine Million sind.
☐ c) kleiner oder größer als eine Million sind.

↑S. 64
57 Wie ist es richtig? Getrennt oder zusammen?
☐ a) Der Teich wird zufrieren.
☐ b) Der Teich wird zu frieren.

↑S. 77
58 Wie lautet die Regel? Folgen mehrere Konsonanten aufeinander, dann trennt man in der Regel ...
☐ a) alle Konsonanten ab: Kno-spen.
☐ b) nur den letzten Konsonanten ab: Knos-pen.
☐ c) gar nicht.

↑S. 45
59 Die vertrauliche Anrede *du* und *ihr* sowie die entsprechenden Possessivpronomen können in Briefen ...
☐ a) nur großgeschrieben werden.
☐ b) nur kleingeschrieben werden.
☐ c) groß- oder kleingeschrieben werden.

60 Woran erkennt man eine Frage? An ihrem Anfang steht … ↑ S. 81
- ☐ a) immer ein Fragewort.
- ☐ b) immer eine Personalform des Verbs.
- ☐ c) Beides ist möglich.

61 Zusammensetzungen von Abkürzungen und Wörtern schreibt man … ↑ S. 66
- ☐ a) zusammen: KfzPapiere.
- ☐ b) mit Bindestrich: Kfz-Papiere.

62 Was muss man wissen, um Haupt- und Nebensätze unterscheiden zu können? ↑ S. 84
- ☐ a) Ein Nebensatz kann nicht allein stehen.
- ☐ b) Ein Hauptsatz kann nicht allein stehen.
- ☐ c) Ein Nebensatz kann allein stehen.

63 Woran erkennt man einen Nebensatz? Die konjugierte Form des Verbs … ↑ S. 85
- ☐ a) steht am Anfang oder am Ende.
- ☐ b) steht am Anfang.
- ☐ c) steht am Ende.

64 In welchem der folgenden Sätze ist die Kommasetzung richtig? ↑ S. 84
- ☐ a) Wenn ich Lust habe gehe ich ins Kino.
- ☐ b) Wenn ich Lust habe, gehe ich ins Kino.

65 Welche Schreibung des Fremdworts ist richtig? ↑ S. 70
- ☐ a) Homöopathie.
- ☐ b) Homöopatie.
- ☐ c) Homöopathi.

66 Was zeigt ein Apostroph an? ↑ S. 83
- ☐ a) Dass eine direkte Rede folgt.
- ☐ b) Den Wechsel des Themas oder Sprechers.
- ☐ c) Ausgelassene Buchstaben in einem Wort.

↑S. 64

67 Welcher Satz ist hinsichtlich Getrennt- und Zusammenschreibung und hinsichtlich der Kommasetzung korrekt?

☐ a) Nachdem er gearbeitet hatte, spielte er.
☐ b) Nach dem er gearbeitet hatte, spielte er.
☐ c) Nachdem er gearbeitet hatte spielte er.

↑S. 71

68 Wie kann das Wort Graphik noch geschrieben werden?

☐ a) Grafik.
☐ b) Gravik.
☐ c) Graffik.

Schwierigkeitsgrad: schwer

↑S. 7

69 Mit welcher Beutung werden Wörter mit der Vorsilbe *wider* verwendet?

☐ a) Sie haben die Bedeutung von *zurück.*
☐ b) Sie haben die Bedeutung von *gegen.*
☐ c) Sie haben die Bedeutung von *noch einmal.*

↑S. 55

70 Wie ist es korrekt: groß oder klein, getrennt oder zusammen?

☐ a) Das radfahren macht Spaß.
☐ b) Das Rad fahren macht Spaß.
☐ c) Das Radfahren macht Spaß.

↑S. 34

71 Wie schreibt man die Verbindung mit *am* und einem Superlativ richtig?

☐ a) Vollmilchschokolade schmeckt am besten.
☐ b) Vollmilchschokolade schmeckt am Besten.
☐ c) Vollmilchschokolade schmeckt ambesten.

↑S. 49

72 Wie ist die Schreibung der Wörter *Angst/angst* und *Bange/bange* richtig?

☐ a) Mir wird Angst. Mir ist Angst und Bange.
☐ b) Mir wird angst. Mir ist angst und bange.
☐ c) Mir wird Angst. Mir ist angst und Bange.

73 Wie schreibt man Wörter mit der Vorsilbe *wider*? ↑ S. 7

☐ a) Immer zusammen.
☐ b) Immer getrennt.
☐ c) Manchmal zusammen, manchmal getrennt.

74 Welche Schreibweise der mehrteiligen Konjunktion ist richtig? ↑ S. 36

☐ a) Es gibt hier nur ein Sowohl-Als-Auch.
☐ b) Es gibt hier nur ein sowohl-als-auch.
☐ c) Es gibt hier nur ein Sowohl-als-auch.

75 Verbindungen mit der Vorsilbe *wider-* werden ... ↑ S. 55

☐ a) immer getrennt geschrieben.
☐ b) getrennt oder zusammengeschrieben.
☐ c) immer zusammengeschrieben.

76 Undeklinierte Adjektive, die mehrere Personen gemeinsam bezeichnen (Paarformeln), schreibt man ... ↑ S. 39

☐ a) groß: Alt und Jung.
☐ b) klein: alt und jung.
☐ c) groß oder klein.

77 Wie lautet die Regel? Zeitangaben mit angehängtem *-s* werden als Adverbien ... ↑ S. 44

☐ a) kleingeschrieben.
☐ b) großgeschrieben.
☐ c) klein- oder großgeschrieben.

78 Untrennbare Zusammensetzungen wie *durchqueren* oder *handhaben* werden in allen konjugierten Formen ... ↑ S. 53

☐ a) zusammengeschrieben.
☐ b) getrennt geschrieben.

79 Groß oder klein: Wie wird die Bruchzahl geschrieben? ↑ S. 46

☐ a) Ein viertelliter.
☐ b) Ein Viertel Liter.
☐ c) Ein viertel Liter oder ein Viertelliter.

↑ S. 48 **80** Wie schreibt man das erste Wort eines eingeschobenen Satzes, wenn er in Anführungszeichen steht?
- ☐ a) Groß.
- ☐ b) Klein.

↑ S. 34 **81** Groß oder klein: Wie ist die Schreibung des letzten Adjektivs im Satz richtig?
- ☐ a) Junge Ponys sind übermütiger als alte.
- ☐ b) Junge Ponys sind übermütiger als Alte.
- ☐ c) Beides ist möglich.

↑ S. 49 **82** In welchem Satz ist *Recht/recht* richtig geschrieben?
- ☐ a) Es ist mir Recht.
- ☐ b) Im recht sein.
- ☐ c) Es ist mir recht.

↑ S. 45 **83** Was gilt in festen adverbialen Wendungen aus Präposition + artikellosem Adjektiv?
- ☐ a) Großschreibung: von Nah und Fern.
- ☐ b) Kleinschreibung: von nah und fern.

↑ S. 88 **84** Wodurch wird die indirekte Rede vom Hauptsatz abgetrennt?
- ☐ a) Durch einen Doppelpunkt.
- ☐ b) Durch ein Komma.
- ☐ c) Durch einen Gedankenstrich.

↑ S. 36 **85** Interjektionen, die als Substantiv gebraucht werden, ...
- ☐ a) schreibt man klein: mit lautem weh und ach.
- ☐ b) schreib man groß: mit lautem Weh und Ach.
- ☐ c) schreibt man groß oder klein.

↑ S. 55 **86** Verbindungen von Substantiv + Verb schreibt man getrennt, wenn das Substantiv ...
- ☐ a) verblasst ist.
- ☐ b) als eigenständig angesehen wird.
- ☐ c) nicht mehr als Substantiv erkennbar ist.

87 Verbindungen von *nicht* mit Adjektiven darf man ... ↑S. 57

☐ a) nur getrennt schreiben: nicht öffentlich.
☐ b) nur zusammenschreiben: nichtöffentlich.
☐ c) getrennt oder zusammenschreiben.

88 Wie ist es richtig? Getrennt oder zusammen? ↑S. 63

☐ a) Die Schweizer Garde.
☐ b) Die Schweizergarde.
☐ c) Die Schweizer-Garde.

89 Wird das Fremdwort klein- oder großgeschrieben? ↑S. 73

☐ a) midlife-crisis.
☐ b) Midlife-crisis.
☐ c) Midlife-Crisis.

90 Bei welcher Konjunktion zwischen gleichrangigen Wörtern und Wortgruppen setzt man kein Komma? ↑S. 85

☐ a) Bei *und.*
☐ b) Bei *aber.*
☐ c) Bei *sondern.*

91 Verben mit der Vorsilbe *wieder-* werden zusammengeschrieben, wenn *wieder* ... ↑S. 55

☐ a) die Bedeutung von *zurück* hat.
☐ b) die Bedeutung von *erneut* hat.
☐ c) die Bedeutung von *nochmals* hat.

92 Woran erkennt man die indirekte Rede? ↑S. 88

☐ a) Sie steht im Konjunktiv.
☐ b) Sie steht im Indikativ.
☐ c) Sie steht im Imperativ.

93 In welchem der folgenden Sätze ist die Kommasetzung richtig? ↑S. 87

☐ a) Heinrich, der Löwe wurde 1129 geboren.
☐ b) Heinrich, der Löwe, wurde 1129 geboren.
☐ c) Heinrich der Löwe wurde 1129 geboren.

↑ S. 87 **94** Wie trennt man nachgestellte Erklärungen in der Regel vom Hauptsatz ab?

☐ a) Durch ein Komma.
☐ b) Durch ein Semikolon.
☐ c) Durch einen Gedankenstrich.

↑ S. 88 **95** In welchem Satz ist die Zeichensetzung richtig?

☐ a) Hallo, liebe Doro, wie geht es dir.
☐ b) Hallo, liebe Doro, wie geht es dir?
☐ c) Hallo, liebe Doro wie geht es dir?

↑ S. 87 **96** Wie ist die nachgestellte Apposition korrekt an den Hauptsatz angeschlossen?

☐ a) Das ist Michael; mein Bruder.
☐ b) Das ist Michael – mein Bruder
☐ c) Das ist Michael, mein Bruder.

↑ S. 86 **97** Bei welchem Satz muss das Komma gesetzt werden?

☐ a) Ihr Plan ist es, nach Japan zu reisen.
☐ b) Sie weigerte sich, zu helfen.
☐ c) Wir versuchten, die Torte zu verzieren.

↑ S. 88 **98** In welchem Beispielsatz stimmt die indirekte Rede einschließlich der Zeichensetzung?

☐ a) Der Lehrer sagt, er ist heute gut gelaunt.
☐ b) Der Lehrer sagt, er sei heute gut gelaunt.
☐ c) Der Lehrer sagt er sei heute gut gelaunt.

↑ S. 64 **99** Die Wörter *soviel* und *soweit* schreibt man zusammen, wenn sie ...

☐ a) als Adverb gebraucht werden.
☐ b) als Konjunktion gebraucht werden.
☐ c) als Adjektiv gebraucht werden.

↑ S. 89 **100** In welchem Beispielsatz ist die Kommasetzung richtig?

☐ a) Hier gilt § 326 Abs. 2 Satz 2 des BGB.
☐ b) Hier gilt § 326, Abs. 2 Satz 2 des BGB.

Lösungen

Einfach

1 c)	18 c)
2 c)	19 a)
3 a)	20 a)
4 a)	21 a)
5 a)	22 b)
6 c)	23 c)
7 a)	24 a)
8 c)	25 c)
9 b)	26 a)
10 b)	27 b)
11 a)	28 c)
12 b)	29 a)
13 b)	30 a)
14 a)	31 b)
15 b)	32 b)
16 a)	33 c)
17 b)	

Mittel

34 b)	52 b)
35 c)	53 c)
36 b)	54 b)
37 a)	55 a)
38 c)	56 a)
39 a)	57 a)
40 b)	58 b)
41 b)	59 c)
42 a)	60 c)
43 b)	61 b)
44 a)	62 a)
45 b)	63 c)
46 c)	64 b)
47 c)	65 a)
48 c)	66 c)
49 c)	67 a)
50 a)	68 a)
51 c)	

Schwer

69 b)	85 b)
70 c)	86 b)
71 a)	87 c)
72 b)	88 b)
73 a)	89 c)
74 c)	90 a)
75 c)	91 a)
76 a)	92 a)
77 a)	93 c)
78 a)	94 a)
79 c)	95 b)
80 a)	96 c)
81 a)	97 a)
82 c)	98 b)
83 b)	99 b)
84 b)	100 a)

Bibliografische Information der Deutschen Nationalbibliothek
Die Deutsche Nationalbibliothek verzeichnet diese Publikation in der Deutschen Nationalbibliografie; detaillierte bibliografische Daten sind im Internet über http://dnb.ddb.de abrufbar.

4., aktualisierte Auflage
 D C B A
Bibliographisches Institut GmbH
Mecklenburgische Straße 53, 14197 Berlin

Redaktionelle Leitung Heike Krüger-Beer
Redaktion Jürgen Folz, Claudia Fahlbusch, Marion Krause,
Dr. Anja Steinhauer
Autoren Birgit Hock, Claudia Fahlbusch

Herstellung Ursula Fürst
Typografisches Konzept Horst Bachmann
Illustrator Peter Lohse, Büttelborn
Umschlaggestaltung Michael Acker
Satz Robert Turzer, CH-3995 Ernen
Druck und Bindung fgb – freiburger graphische betriebe GmbH & Co. KG
Bebelstraße 11, 79108 Freiburg i. Br.
Printed in Germany

ISBN 978-3-411-72544-1

Stichwortfinder